평화와
통일을

두 개의
코리아가 이룬

민족끼리 화해와
대하여

묻는
십대에게

평화와 통일을 묻는 십대에게

두 개의 코리아가 이룬 반쪽짜리 행복에 대하여

세상을 묻는 십대

초판 1쇄 발행 2021년 11월 19일
초판 2쇄 발행 2022년 11월 5일

글쓴이   정욱식
그린이   JUNO
펴낸이   이영선
책임편집   김영아 이민재

편집   이일규 김선정 김문정 김종훈 이민재 김영아 이현정 차소영
디자인   김회량 위수연
독자본부   김일신 정혜영 김연수 김민수 박정래 손미경 김동욱

펴낸곳 서해문집 | 출판등록 1989년 3월 16일(제406-2005-000047호)
주소 경기도 파주시 광인사길 217(파주출판도시)
전화 (031)955-7470 | 팩스 (031)955-7469
홈페이지 www.booksea.co.kr | 이메일 shmj21@hanmail.net

평화와 통일을 묻는 십대에게

두 개의 코리아가 이룬 반쪽짜리 희망에 대하여

정욱식 글 | JUNO 그림

서해문집

자기만의 Why

한반도 평화?
내가 그걸 왜 알아야 하지?

우리도 평화를 경험해보자

왜 평화냐고요? 우리도 경험해봐야죠. 사실 분단 이후
한반도에는 평화가 정착된 적이 없어요. 그사이 전쟁도 겪었고
여러 차례 충돌 위기도 있었고요. 그렇게 무려 70년을 전쟁도
평화도 아닌 휴전 상태로 지내오고 있는 거죠. 이렇게 우리는
제대로 된 평화를 경험해본 적이 없어요. 하지만 우리가 평화를
누리지 못할 이유는 없어요. 우리, 특히 청소년 여러분은 그럴
권리와 자격이 있어요.

한반도를
그려보는
시간입니다.

통일?

한반도?

한반도... 우리나라 국토를 지형적으로 일컫는 말...

평화를 상상해보자

한반도에 평화가 오면 어떤 세상이 펼쳐질까요? 우선 전쟁 걱정을 안 해도 되겠죠. 기차 타고 북한을 거쳐 유럽까지 갈 수도 있을 거고요(실제로 분단되기 전까지 우리나라 사람들은 그렇게 여행을 했답니다). 지금까지처럼 남성들만 의무적으로 군대에 가는 게 아니라, 성별에 관계없이 원하는 사람은 누구나 정당한 대우를 받고 군인이 될 수 있겠죠. 무엇보다 북쪽이 막혀 사실상 섬과 다름없는 반도에 갇혀 있던 우리의 발걸음과 상상력의 날개가 활짝 펼쳐질 거예요.

슬쩍

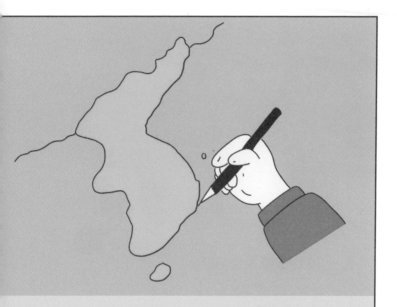

평화를 만들어보자

물론 평화가 모든 걸 해결해주지는 않아요. 그런데 평화를 잃으면
모든 걸 잃게 됩니다. 평화가 무엇보다 소중한 이유죠.
어느 외국인이 물었어요. 한국인들이 자랑할 만한 외교관이
누구인가요? 글쎄요…. 고려 시대 외교 담판으로 요나라의 침략을
물리친 서희? 흔히들 우리나라엔 외교가 특별히 중요하다고 합니다.
예나 지금이나 주변에 자리한 여러 강대국들을 상대해야 했던
역사가 있기 때문이겠죠. 그렇지만 직업으로서의 외교관만 외교를
하는 건 아니에요. 저도 여러분도, 누구든 외교관이 될 수 있어요.
그리고 평화를 만드는 데 함께할 수 있습니다. 평화는 주어지는 게
아니라 만들어가는 것이니까요.

차례

자기만의 **Why**

통일이 되면
우리는
더

행복해질 수
있을까?

〈우리의 소원은 통일〉이라는 노래가 있어요. 오랫동안 사랑받아온 노래지만 언제부턴가 '꼭 통일을 해야 해?'라고 되묻는 사람들이 늘고 있죠. 특히 청소년과 청년들이 통일에 무관심하다는 여론조사 결과를 많이들 접했을 거예요. 저 역시 청소년 여러분들과 통일 문제를 이야기할 때마다 이런 말들을 듣곤 한답니다.

"통일, 관심도 재미도 없거든요. 왜 관심을 가져야 하죠?"
"통일을 왜 해야 하는지 모르겠어요."
"저하고는 먼 얘기 같아요. 공부하고 취직 준비하기에 바쁜

데 통일에 신경 쓸 여유도 없고요."

"우리도 살기 힘든데 통일되면 더 힘들어질 것 같아요."

"남한 사람들도 취직하기 힘든데 통일되면 일자리 찾기가 더욱 힘들어지지 않을까요?"

"통일하지 않고도 남북이 협력하면서 평화롭게 살면 되는 거 아니에요?"

물론 여전히 통일을 바라는 청소년들도 많지만, 심드렁하거나 심지어 반대하는 친구들이 늘고 있는 건 사실이에요.

　통일이 필요하다는 사람들도 '해야 한다'는 당위보다는 실용적 측면을 강조합니다. 예전에는 통일을 '같은 민족이니까' 해야 한다고 여기는 경우가 많았어요. 하지만 시간이 흐르고 세상이 변화하면서 '전쟁 위협을 없애기 위해서'라거나 '경제 성장이 도움이 되니까'라는 현실적인 이유로 통일에 찬성하는 사람들이 더 늘어나고 있습니다(서울대 통일평화연구원, 〈2019 통일의식 조사〉, 2020년 4월).

　요즘 청소년이나 청년들이 한반도 평화나 통일 문제에 갖는 무관심과 부정적인 태도는 저를 포함한 어른들의 잘못이 크다고 봐요. 한국 사회를 통일에 우호적인 분위기와 환경으로 이끌지 못했으니까요. 오늘날 한국 사회는 '헬조선'이나 'N포 세대'라는 표현이 말해주듯 무척이나 힘든 시절을 보내고 있죠. 특히 젊은 세대일수록 '나는 불행하다'라는 생각이 강하다고 해요.

저도 가끔 통일에 찬성하느냐는 질문을 받곤 해요. 그럴 때마다 "꼭 해야 하고, 할 수 있다"라고 자신 있게 대답하지 못하고 머뭇거린답니다. '통일되면 우리가 더 행복해질 수 있다'는 확신을 저도 갖지 못하고 있기 때문이죠.

'곳간에서 인심 난다'는 속담이 있습니다. 잘살아야 다른 일을 돌아볼 여유가 생긴다는 뜻이에요. 이 말마따나 우리나라 사람들이 통일에 긍정적인 태도를 가지려면 우리 스스로 행복해지는 게 중요하겠죠. 하지만 한국인들의 행복지수는 세계 60위 정도로 상당히 낮은 편이에요. 특히 우리나라는 어린이와 청소년에게 "행복하세요?"라고 물었을 때 "아니요"라고 답하는 비율이 주요 선진국을 포함해 38개 나라가 모인 경제협력개발기구(OECD)에서 가장 높은 축에 속해 있기도 해요.

우리나라의 행복지수가 낮은 것은 꼭 경제적 문제 때문만은 아닐 겁니다. 한국은 세계적으로도 상당히 잘사는 나라이니까요. 국가의 경제력을 보여주는 국내총생산(GDP) 지표는 세계 10위쯤 되고 1인당 국민소득도 3000만 원을 훌쩍 넘길 정도죠. 그렇지만 청년 빈곤은 심각한 게 사실입니다. '건국 이후 처음으로 부모 세대보다 못 사는 세대가 나타났다'는 말이 나올 정도이니까요. 또 경제가 성장하는 것 이상으로 불평등이 심해지고 있어요. 경쟁이 날로 치열해지면서 개개인의 건강과 생활의 만족, 소속감도 점점 떨어지고 있다고 합니다. 이렇게 당장의 내 삶이 팍팍하다면 어떻게 통일에 관심을 갖겠어요.

또한 통일을 기대하려면 무엇보다 남북 관계가 좋아야 할 텐데요. 완전한 통일을 100이라고 할 때, 2020년대의 남북 관계는 어느 정도에 와 있을까요? 정확히 수치화하기는 어렵지만 저는 20 정도라고 봐요. 남북이 서로 완전히 적대적으로 돌아선 것은 아니지만, 과거에 비해 교류와 협력이 눈에 띄게 줄어들었거든요.

2000년대 초중반에는 50 정도는 되었다고 할 수 있어요. 남북의 정치 지도자들이 오랜 갈등을 씻고 함께 통일을 이뤄가기로 합의했던 시기죠. 금강산 관광과 개성공단 사업으로 대표되는 경제협력이 본격적으로 추진되었고, 이산가족 상봉도 여러 차례 성사되었어요. 남북의 운동선수들이 단일팀을 구성해 국제대회에 출전했고, 올림픽이나 아시안게임에서 한 반도기를 들고 공동 입장하기도 했지요.

이러한 교류·협력을 계속 발전시켰다면 지금쯤 남북 관계가 70 정도는 되었을 겁니다. 하지만 2008년 이래 남북은 예전처럼 갈등하고 반목하는 관계로 돌아섰습니다. 10년이 지나 2018년 세 차례에 걸친 남북 정상회담과 사상 최초의 북미 정상회담이 열리는 등 변화의 물결이 일어났지만, 지속되지는 못했어요.

저를 포함해 어른들의 잘못이 크다는 것도 이러한 맥락이에요. 남북 관계가 평화적 통일은커녕 서로 으르렁대던 과거로 돌아가게 된 건 어른들의 책임이니까요. 그래서 저는 여러분이 어른들에게 따져야 한다고 생각해요. '우리 청소년이 통일에 무관심하다고 혼낼 생각만 하는데, 어른들은 통일을 위해 얼마나 진지하게 노력했나요? 남북 관계가 이렇게 나빠진건 우리 책임이 아니잖아요!'라고요.

이 책은 아홉 개의 질문으로 구성되어 있습니다. 각각의 질문에 대한 저의 생각을 읽기 전에, 청소년 여러분이 스스로 답을 궁리해보라고 권하고 싶어요. 평화와 통일에 하나의 정답은 없으니까요. 평화와 통일은 저마다 여러 가지 답을 가지고 친구들과, 또 어른들과 토론할수록 가까워질 겁니다.

자, 그럼 여행을 시작해볼까요?

왜 분단이

되었나요?

1

'분단'은 무엇인가 나눠지고 끊어졌다는 뜻이에요.
여러분은 실감이 나나요? 저는 판문점을 방문하면서
우리나라가 분단되었다는 걸 절실히 느꼈습니다.
높이가 10센티미터밖에 안 되는 군사분계선 너머에 서서
검정 선글라스를 쓰고 남쪽을 주시하는 북한 군인을 봤을
때였죠. 건너가 말 한마디라도 붙이고 싶었지만 그럴 수
없었어요. 허락 없이 군사분계선을 넘어갔다가는 북한군에
체포될 수도 있고, 건너갔다 다시 넘어오면 우리 국군이나
유엔군에 체포될 수 있으니까요.

베를린은 독일의 수도입니다. 이젠 관광 명소가 되었지만, 1990년 통일 이전까지만 하더라도 그곳에는 서독과 동독을 가르는 커다란 장벽이 있었어요. 대도시 한가운데에 장벽이 서 있으니 독일인들은 일상에서 분단을 실감할 수 있었을 거예요. 이에 반해 한반도에는 동서로 249킬로미터에 걸쳐 휴전선이 그어져 있습니다. 휴전선을 기준으로 남북 2킬로미터씩 비무장지대가 존재하고, 또 그 비무장지대를 둘러싼 민간인출입통제선(민통선)이 있습니다. 수도 한복판에 장벽이 들어섰던 독일과는 큰 차이가 있죠. 한국인들로서는 일부러 의식하지 않으면 분단을 실감하기 어려운 것이죠. 그러나 하나였던 우리나라가 분단된 것은 엄연한 사실입니다.

두 개의 코리아

지구상에는 영문 국호에 '코리아(Korea)'를 사용하는 두 나라가 있습니다. 대한민국(Republic of Korea)과 조선민주주의인민공화국(Democratic People's Republic of Korea)이죠. 우리는 대개 휴전선의 북쪽을 '북한'이라고 부르고, 북한은 휴전선의 남쪽을 '남조선'이라고 부릅니다. 이런 표현에는 은근히 상대를 인정하지 않으려는 의지도 담겨 있어요. 제가 어렸을 때는 더 심했답니다. 남측은 북쪽을 '북괴(북한 괴뢰)'로, 북측은 남쪽을 '남조선 괴뢰'라고 불렀죠. 괴뢰는 '꼭두각시'를 의미해요. 서로를 각각 소련과 미국의 뜻대로 행동하는 꼭두각시로 여긴 것이죠.

어떤 사람들은 남측 사람들은 북한을 '북조선'이라고, 북측 사람들은 남조선을 '남한'이라고 부르자고 주장하기도 해요. 화해와 협력, 그리고 평화적 통일을 위해서는 서로의 실체부터 인정하자는 뜻이죠. 그런데 실제로 남북의 사람들이 만날 때는 서로를 어떻게 부를까요? 협의 끝에 '남과 북' 혹은 '남측, 북측'이라고 부르기로 했답니다.

하지만 습관이란 게 쉽게 떨쳐지지 않죠. 2003년, 제가 처음 북한의 금강산에 갔을 때 일이에요. 남측 사람이 무심결에 '북한'이라는 표현을 쓰면, 북측 사람이 정색하며 거칠게 따지는 모습을 볼 수 있었어요. 그런데 2005년에 평양에 갔을 때는 또 달랐습니다. 남측 사람이 '북한'이라는 표현을 써도 북측 사람이 '다음부턴 북측이라고 표현해주세요'라고 점잖게 얘기하는 모습을 본 거죠. 그때 그런 생각을 했어요. '교류가 많아져서 관계가 좋아지면 이렇게 변하는구나'라고요.

서로에 대한 명칭의 변천과 혼선은 한반도의 분단과 떼어 놓고 생각할 수 없습니다. 분단은 1945년 해방 전후 생겨난 국제적 요인과 국내적 요인, 그리고 38선을 사이에 둔 남북의 갈등이 악순환하면서 나온 결과예요. 그래서 분단에 대해 살펴보기에 앞서 이런 질문을 던져볼 수 있어요. 왜 태평양 전쟁을 일으킨 일본이 아니라 식민 통치의 피해를 입은 조선(한반도)이 분단된 것일까요? 이는 역시 유럽에서 전쟁을 일으킨 나치 독일이 패전 후 동서로 분단된 것과 뚜렷하게 대비됩니다.

2차 세계대전에서 미국과 소련이 주도한 연합국의 승리가 확실시되던 1945년 7월, 미국·영국·소련의 정상들이 독일의 포츠담에 모였습니다. 종전 이후 유럽의 정세를 논의하고, 그때까지 계속되고 있던 일본과의 태평양 전쟁에 대응하기 위해서였죠. 이를 포츠담 회담이라고 해요. 이 자리에서 트루먼 미국 대통령은 스탈린 소련 공산당 서기장에게 태평양 전쟁에 참전할 것을 거듭 요구했어요. 스탈린은 8월 15일에 일본에 선전포고를 하겠다고 약속했죠. 또한 이들은 독일과 마찬가지로 일본도 분할 점령하기로 뜻을 모았습니다.

이보다 앞서 1943년 이집트의 수도 카이로에 모인 미국·영국·소련 지도자들은 "조선 인민의 노예 상태에 유념하여, '적절한 시기'에 조선이 자유롭게 독립할 것을 결의한다"고 합의합니다. 여기서 '적절한 시기'는 일정 기간의 신탁 통치를 의미해요. 미국과 소련은 오랫동안 식민 지배를 받아온 조선인들의 자치 능력을 의심했어요. 그래서 한동안 자신들이 한반도를 통치해야 한다고 본 거죠. 신탁 통치 기간에 대해선 입장 차이가 있었지만, 이를 거쳐 조선을 독립시킨다는 원칙은 이후 얄타 회담과 포츠담 회담에서도 변함없었어요. 태평양 전쟁이 끝난 후 '조선은 신탁 통치 후 독립, 일본은 분할 통치'라는 큰 틀이 잡힌 것이죠.

그런데 포츠담 회담 중간에 트루먼 대통령은 학수고대하던 소식을 듣게 됩니다. 미국이 최초의 핵실험에 성공한 것이죠. 이는 조선과 일본은 물론이고 세계사에 커다란 분수령이 되었어요. 핵실험에 성공한 이상 미국은 태평양 전쟁에서 소련의 도움에 매달릴 필요가 없었기 때문이죠. 오히려 미국은 소련이 개입하기 전에 일본에 핵무기를 떨어뜨려 항복을 받아내야 한다는 강박에 빠지게 되었어요.

이 시기에 2차 세계대전의 '동지'였던 미국과 소련은 서로를 '경쟁자'로 바라보기 시작해요. 이에 따라 미국은 핵무기로 전쟁을 끝낸다면, 그래서 아시아의 요충지인 일본을 혼자 차지한다면 이후 세계 질서에서 소련보다 우위에 설 수 있다고 판단하죠. 결국 미국은 8월 6일, 히로시마에 핵폭탄을 떨어뜨리고 일본의 항복을 기다렸어요. 하지만 들려온 소식은 일본의 항복이 아니라 소련의 참전이었습니다. 소련이 예정일보다 6일 앞당겨 일본에 선전포고를 하고, 사할린과 만주에 대군을 투입한 것이죠.

조급해진 미국은 일본 나가사키에 또다시 핵폭탄을 떨어뜨렸어요. 동시에 소련의 남하를 저지하기 위해 궁리했죠. 소련군이 이대로 한반도 전체를 점령하고 일본 본토에까지 상륙하면 미국의 계획은 물거품이 되기 때문이었죠. 이를 우려한 미국 국무장관(외교장관)은 두 명의 젊은 장교에게 지시를 내립니다. 한반도에 적당한 분할선을 찾아보라는 것이었죠. 두 장교는 지도를 펼쳤습니다. 눈짐작으로 한반도의 중간선을 잡고 줄을 그었죠. 위도 38도선이었습니다.

보고를 받은 트루먼은 스탈린에게 38선을 기준으로 한반도를 분할 점령하자고 제안해요. 미국과 충돌하고 싶지 않았던, 그리고 유럽 정세에 집중하고 싶었던 스탈린은 이 제안을 받아들였죠. 8월 10일과 11일, 불과 이틀 만에 벌어진 일이에요. 그리고 소련군과 미군이 차례로 38선의 이북과 이남을 점령하게 됩니다.

소련

미국

38도선

우리는 학교에서 미국의 핵무기 덕분에 한반도가 해방을 맞이했다고 배웁니다. 결사 항전하던 일본이 두 발의 핵폭탄에 항복했다고 말이죠. 그러나 진실은 조금 달라요. 1945년 8월 15일, 일본이 항복한 결정적 원인은 소련의 참전이었어요. 그래서 이런 질문을 던져볼 수 있습니다. '만약 당시 미국이 핵무기 대신 소련과 연합해 일본의 항복을 받아냈다면, 우리의 운명은 어떻게 달라졌을까?' 여러분 각자의 역사적 상상력을 발휘해볼까요? 아주 흥미로운 답들이 나올 거예요.

어쨌든 한반도 분단은 미국과 소련이 38선을 기준으로 분할 점령한 데서 출발해요. '외세에 의한 분단'이라는 인식은 한반도, 특히 북한 사람들에게 깊이 새겨지게 돼요. 이와 관련해 2003년 제가 금강산에 갔을 때의 일을 소개할게요. '민족의 명산'으로 불리는 금강산에는 옥류동이라는 멋진 계곡이 있어요. 그곳의 북한 안내원이 어찌나 자랑을 하던지, 경쟁심(?)이 생긴 제가 이렇게 말했죠. "여기 이름이 왜 옥류동인지 아세요? 남쪽의 명산인 설악산에는 비선대라는 계곡이 있는데, 옥류동 못지않게 절경입니다. 비선대에서 신선이 하늘로 날아오르다가 옥구슬을 떨어뜨렸는데, 그 옥구슬이 금강산에 떨어져

흘러내리면서 옥류동이 된 거죠." 사실 이건 제가 지어낸 이야기였지만, 호기심이 생긴 북한 안내원이 이렇게 대꾸했죠. "남측에도 아름다운 계곡이 있나보군요. 그러면 뭐합니까? 설악산은 미군들이 지키고 있어 남측 인민들은 들어가지도 못하지 않습니까?"

외세 탓만 하기에는

이처럼 북한 사람들은 한반도가 미국 때문에 분단되었고, 아직도 미국이 남한을 지배한다고 생각하는 경향이 강해요. 남한에도 외세가 분단을 가져왔다고 생각하는 사람들이 많죠. 물론 미국과 소련은 한반도 분단에 큰 책임이 있어요. 그러나 외세 탓만 하기에는 우리 스스로도 아쉬운 면이 많았습니다.

일본의 패망이 다가오면서 한반도에서는 독립국가를 세우려는 움직임이 일어나기 시작해요. 독립운동가이자 정치가인 여운형(1886~1947)이 대표적인 인물이죠. 조선총독부도 일찍부터 여운형과 협력하고 있었어요. 패망 이후 조선에 있던 일본인들을 안전하게 철수시키려면 조선인들에게 존경받는 여운형의 도움이 필요하다고 여긴 것이죠. 이러한 상황에서 만들어진 단체가 조선 건국 준비위원회(건준)였습니다. 조선인 스스로 자치와 치안을 맡고, 새로운 국가 건설을 논의하고 준비하자는 취지였지요. 그러나 여운형의 시도는 그를 좌익으로 몰아간 우익 인사들이 건준에 불참하고, 날로 격해지는 좌우파 갈등 때문에 빛을 보지 못했습니다.

남한 내의 좌우 대립 역시 분단에 적잖은 영향을 끼치게 돼요. 1945년 소련의 수도 모스크바에서 미국, 영국, 소련 외교 장관이 모여 한반도 문제를 논의하는 회의가 열렸어요. 모스크바 삼국 외상 회의(모스크바 삼상회의)으로 불리는 이 회담에서 한반도에 민주적인 임시 정부의 수립과 미소 공동위원회* 설치, 그리고 신탁 통치 결정이 합의되었죠. 이를 계기로 남한 내의 혼란은 더욱 커졌습니다. 특히 신탁 통치를 찬성하는 측(찬탁)과 반대하는 측(반탁)이 나뉘어 극심한 충돌이 벌어진 것이죠.

★ 해방 이후 한반도의 임시 정부 수립을 위해 미국과 소련이 개최한 회의입니다. 1946년에 1차, 이듬해 2차 미소 공동위원회가 개최되었지만 별다른 합의를 이루지 못한 채 결렬되고 말았죠. 이후 한반도 문제는 유엔으로 넘어가게 되었어요.

그런데 이 과정에서 1945년 12월 27일자 《동아일보》가 결정적인 오보를 내게 돼요. 모스크바 삼상회의 소식을 전하며 "소련은 신탁 통치 주장, 미국은 즉시 독립 주장"이라고 대서특필한 것이죠. 여러분은 이 표현을 어떻게 받아들이나요? 미국은 한반도의 독립을 원하는데 소련이 방해하고 있다는 느낌이 들 거예요. 당시 한반도 사람들로선 당연히 분개했겠죠. 하지만 앞서 밝혔듯이 이는 잘못된 보도였어요. 신탁 통치를 강하게 주장한 쪽은 소련이 아니라 미국이었던 거죠.

불행하게도 '찬탁=소련=분단'과 '반탁=미국=독립'이라는 잘못된 이분법은 점점 퍼져나갔어요. 남한의 내부 갈등은 더욱 커져갔고, 삼상회의에서 합의된 임시 정부 수립과 미소 공동위원회도 지지부진했죠. 1946년 2월에는 북한에서 소련의 군정이 지원하는 김일성 주도의 북조선 임시 인민위원회가 만들어졌어요. 비슷한 시기에 미국 군정의 지지와 지원을 받던 이승만은 통일 정부 수립이 어렵다면 남한만의 단독 정부라도 먼저 세워야 한다고 주장하게 됩니다. 분단이 점차 가시화되기 시작한 것이죠.

미국은 미소 공동위원회를 통한 한반도 문제 해결이 어려워지자, 유엔에 결정권을 넘겼습니다. 유엔은 남북한 동시 총선거를 결정하고 선거 관리를 위해 임시 위원단을 파견했어요. 그러나 취지와 달리 이 결정은 분단을 앞당기는 계기가 돼요. 당시 유엔의 결정은 '인구 비례'에 따른 선거였는데, 남한보다 인구가 훨씬 적었던 북한이 이를 거부한 것이죠.

그러자 유엔은 남한만의 총선거를 결의합니다. 남한의 좌익 세력과 김구 등 일부 우익 민족주의 세력은 단독 선거에 반대하며 분단을 막고자 해요. 반면 미 군정의 지지를 등에 업은 이승만은 유엔의 결정에 동의하며 단독 정부 수립에 매진했죠. 결국 1948년 5월 10일 총선거가 치러지고, 8월 15일에는 한반도 남쪽에 대한민국 정부가 들어서게 됩니다. 이에 질세라 북한도 8월 25일 총선거를 실시, 9월 9일에 조선민주주의인민공화국 수립을 선언해요. 한반도에 두 개의 정부가 들어서면서 분단이 제도화되고 만 것이죠.

이처럼 한반도 분단은 미국과 소련이 38선을 그으며 씨앗을 뿌렸다고 할 수 있어요. 그렇지만 분단이 현실화하기까지는 남북한 및 남한의 내부 갈등과 반목이 크게 작용했습니다. 외세 탓만 하기에는 우리 민족 스스로 갈등을 평화적으로 해결하고 통합하려는 역량이 부족했던 것이죠.

왜 전쟁이

일어났나요?

2

남북에 각각 단독 정부가 수립되면서 분단은 돌이키기 힘든
상황으로 빠져듭니다. 이승만 정권과 김일성 정권은
각각 북진통일과 남진통일을 목표로 내세우게 되죠.
38선을 사이에 두고 크고 작은 무력충돌이 벌어졌어요. 결국
북한은 최악의 선택을 하게 됩니다. 1950년 6월 25일
새벽에 전면적인 기습 남침을 감행한 것이죠.
6·25전쟁, 혹은 한국전쟁으로 불리는
커다란 비극의 시작입니다.

한국전쟁과 관련해서도 많은 질문을 던져볼 수 있습니다.
전쟁 직전 미국은 왜 주한 미군의 대부분을 철수시킨
것일까요? 북한의 남침을 말리던 소련은 왜 태도를 바꿔
전쟁을 승인하고 지원한 것일까요? 전쟁이 3년 넘게 이어진
이유는 무엇일까요? 무엇보다 한국전쟁이 아직도 끝나지
않았다는데, 그 이유는 무엇일까요? 이러한 의문들과 함께
전쟁이 일어난 배경과 원인을 살펴보려고 해요.

미국과 소련의 오판이 만나다

여러분도 알다시피 우리나라에는 미군이 주둔하고 있어요. 1945년 해방 직후 인천을 통해 들어온 주한 미군은 현재까지도 3만 명가량의 군인과 각종 첨단 무기로 한반도 안보(안전보장)를 돕고 있죠. 그런데 정작 한국전쟁 발발 당시에는 미군이 거의 없었답니다. 무슨 영문일까요? 미국은 1948년 남한의 단독 정부 수립 직후부터 주한미군 철수를 결정하고 준비에 들어갔어요. 철수는 신속하게 이뤄집니다. 이듬해 6월까지 500

명가량의 군사 고문단만 남겨둔 채 4만5000명에 달하는 미군 대부분이 한반도에서 빠져나간 것이죠. 그리고 1950년 1월 12일, 미국은 이른바 '애치슨 라인'을 발표합니다. 딘 애치슨 국무장관이 아시아-태평양 지역에서 미국의 방위선을 알류산열도-일본-오키나와-필리핀을 연결하는 선으로 정한다고 말한 것이죠. 한국은 애치슨 라인 바깥에 위치했습니다.

미국은 왜 이런 선택을 한 것일까요? 우선 당시 미국의 최우선 목표는 아시아-태평양 지역의 거점인 일본 보호에 있었어요. 따라서 '한국에 병력과 기지를 유지하면서 얻을 수 있는 전략적 이익이 거의 없다'고 판단한 거죠. 주한미군을 유지하는 건 경제적으로도 큰 부담이었어요. 동시에 미국은 대규모의 미군을 계속 남겨두면 이승만 정권이 이를 믿고 '북진 통일'을 감행할 것이라는 우려도 갖고 있었어요.

중요한 이유는 또 있어요. 미국은 무엇보다 핵무기의 위력을 믿었어요. 막대한 비용이 들어가는 주한미군을 핵무기로 대신할 수 있다고 여긴 것이죠. 대표적으로 더글러스 맥아더가 사령관으로 있던 미군 극동사령부는 북한이 미국의 군사적 힘, 즉 핵무기 공격을 무릅쓰면서까지 전쟁을 벌이지는 않을 것으로 보았어요.

미국의 정치적 오판과 방심도 크게 작용했습니다. 당시 미국의 정보기관들은 북한을 소련의 '꼭두각시'로 여겼고 북한

의 남침은 소련의 '지시'로만 이뤄질 것이라고 봤어요. 그 지시는 3차 세계대전으로 이어질 가능성이 높은데, 소련이 아직 그런 전쟁을 벌일 준비가 안 되어 있다고 본 것이죠. 이 때문에 미국은 북한의 남침 일주일 전까지도 전면전이 일어날 가능성이 거의 없다고 여기고 있었습니다.

그렇다면 북한, 구체적으로 김일성은 스탈린의 소련의 꼭두각시였을까요? 역사적 사실을 추적해보면, 그렇게 단정하기는 어려워요. 한국전쟁은 소련의 '지시'보다는 김일성이 스탈린을 집요하게 설득했고, 결국 스탈린이 이를 '승인'하면서 벌어진 사건으로 보는 게 더 정확합니다. 실제로 김일성은 1949년부터 스탈린을 찾아가 남침을 허락해달라고 요청해요. 하지만 스탈린은 이를 계속 거부했어요. 북한군이 단기간에 남한을 점령할 만큼 강력하지도 않고, 남한 내 공산주의자들의 게릴라 활동도 김일성이 장담했던 것만큼 활발하지도 않다고 본 거죠. 무엇보다도 스탈린은 미국을 경계하고 있었어요.

그런데 1950년에 들어서면서 스탈린은 마음을 바꿔 먹게 돼요. 왜 그랬을까요? 우선 소련은 1949년 8월에 소련 최초의 핵실험에 성공해요. 군사적으로 미국에 맞설 수 있다는 자신감을 갖게 된 거죠. 그해 10월에는 중국 대륙에서 마오쩌둥의 공산당이 국민당을 몰아내고 중화인민공화국을 선포해요. 그리고 1950년 1월에는 앞서 소개한 '애치슨 라인'이 발표됩니다. 사실 스탈린은 첩보망을 통해 미국의 아시아-태평양 방어선에 한국이 포함되지 않았음을 미리 알고 있었죠. 뒤이어 2월에는 소련과 중국이 상호원조조약을 체결하게 되는데, 이들 두 나라의 군사적 동맹은 스탈린의 자신감을 더욱 키우게 됩니다.

당시 스탈린이 가장 우려한 것은 미국의 개입이었어요. 그러나 소련도 핵무장에 성공한 이상, 거꾸로 미국이 핵전쟁이나 3차 세계대전을 각오하면서까지 한국을 구하려고 들지는 않을 것이라고 판단하게 되죠. 중국의 공산화와 중소 동맹 체결은 이러한 자신감을 더욱 부채질했고요. 때마침 미국이 '애치슨 라인'을 발표하자 스탈린은 마음을 굳힙니다. 그는 김일성의 요구를 들어주기로 하고 중국의 지도자 마오쩌둥에게도 편지를 보내 "변화된 국제환경을 고려해, 통일을 향한 북한의 (남침) 제안에 우리는 동의하기로 했다"라는 뜻을 전했어요.

흥미로운 점은 소련이 북한의 남침을 승인한 데는 중국에 대한 경계심도 작용했다는 거예요. 공산 진영의 우두머리인 소련이 중국의 공산화를 경계했다는 게 쉽게 이해가 안 되죠? 사실 스탈린은 중국의 내전에서 국민당이 이길 것으로 예상했답니다. 그래서 공산당을 지원하는 데도 인색했어요. 하지만 내전은 공산당의 승리로 끝났고, 스탈린은 이를 반기면서도 중국을 경계하기 시작해요. 세계 최대의 인구를 자랑하는 '중화인민공화국'을 소련의 강력한 경쟁 상대로 여겼기 때문이죠.

이런 치밀한 계산 아래 스탈린은 김일성에게 남침 승인의 조건으로 중국의 동의와 지원 약속을 받아오라고 요구하게 돼요. 또 한편으로는 마오쩌둥에게 전보를 보내 소련은 전쟁에 동의한다면서도 최종 결정은 김일성과 마오쩌둥이 하라고 전하죠. 만약 미국이 개입하더라도 북한 방어의 책임을 중국에게 떠넘기기 위한 장치였던 셈이죠. 실제로 맥아더가 이끈 유엔군이 1950년 10월부터 38선을 넘어 북진하면서 북한이 위기에 처하자, 소련은 중국을 압박해 참전하게 만듭니다.

이 과정에서 김일성도 교묘한 외교술을 펼쳤어요. 마오쩌둥에 대한 스탈린의 경계심을 이용한 것이죠. 김일성은 소련이 남침을 승인해주지 않으면 마오쩌둥과 상의하겠다며 스탈린을 은근히 압박했습니다. 또 김일성은 두 사람을 상대로 미국이 일본을 재무장시켜 미국-한국-일본-대만으로 이어지는 전선이 완성되면, 공산 진영이 불리해질 수 있다고 주장했어요. 그러기 전에 먼저 공격해야 한다며 설득한 것이죠.

정리하자면, 한국전쟁은 각국 정부가 가진 오판의 산물이었어요. 북한이 남침하지 않으리라는 미국의 판단, 미국이 개입하지 않으리라는 소련의 확신이 모두 그러했지요. 무엇보다도 남한의 많은 사람들이 북한에 동조할 것이라는 김일성의 판단이 그러했습니다. 전쟁이 벌어지면 "점심은 평양에서, 저녁은 신의주에서"라고 큰소리치던 이승만 정권의 국방부 장관 신성모의 호언장담도 허망한 것이었고요.

끝나지 않은 전쟁

한국전쟁과 관련해 주목할 점은 또 있어요. 한반도의 전략적 가치를 낮게 보면서 한국을 '애치슨 라인'에서 제외한 미국이 정작 전쟁이 터지자 신속하게 개입합니다. 왜 그랬을까요?

우선 '꼭두각시의 역설'로 설명할 수 있어요. 앞서 설명한 것처럼, 미국은 북한을 소련의 꼭두각시로 여겼어요. 따라서 소련이 3차 세계대전을 각오하지 않은 이상 북한이 먼저 쳐들어올 가능성은 낮다고 본 거죠. 이런 판단은 거꾸로 미국이 북한의 남침을 '3차 세계대전의 전주곡'으로 간주하게 만들었어요. 이런 정황은 미국이 한국전쟁에 개입하지 않으면 "2차 세계대전이 그랬던 것처럼 3차 세계대전으로 이어질 것"이라고 했던 트루먼 대통령의 발언에서도 드러나죠. 미국을 비롯한 16개 참전국들의 다수는 2차 세계대전의 피해국들이었어요. 결국 유엔군의 깃발 아래 신속하게 이뤄진 참전에는 2차 세계대전이 남긴 트라우마도 영향을 미친 셈이죠.

미군이 신속하게 참전한 데는 미국의 국내 정세도 작용했습니다. 한국전쟁 직전에 미국에선 이른바 '매카시즘(McCarthyism)' 광풍이 일어나고 있었어요. 매카시즘은 조지프 매카시 공화당 상원의원이 미국의 민간과 정부부처 곳곳에 공산주의자들이 침투해 남 모르게 활약하고 있다는 주장을 펼치면서 일어난 혼란을 의미해요. 이는 아무런 근거 없는 마녀사냥에 불과했지만 야당인 공화당을 중심으로 번져간 정치 공세는 민주당과 트루먼 정부를 곤혹스럽게 만들었어요. 중국이 공산화된 것도 트루먼 정부의 나약한 대응 때문이라는 주장이 맹위를 떨쳤죠. 얄궂게도 이런 위기에서 터진 북한의 남침은 트루먼에게 공산주의에 단호하게 대응하는 장면을 연출할 정치적 기회가 된 것이죠.

한국전쟁에 관한 또 하나의 궁금증은 전쟁이 왜 그렇게 길어졌냐는 것입니다. 1950년 6월 25일에 시작된 한국전쟁은 1953년 7월 27일에 이르러서야 정전협정(휴전협정)이 체결되며 총소리가 멈추게 되었죠. 그런데 남북 어느 한쪽이 승리를 거둘 가능성, 즉 무력통일을 달성할 가능성이 없다는 게 확실해진 것은 한참 이전인 1951년 봄이었어요. 이때부터 국제사회에서도 휴전을 촉구하는 목소리가 높아졌고요. 덕분에 1951년 7월 8일부터 정전 협상이 시작되었죠. 그러나 이후로도 38선을 사이에 둔 소모적인 전투는 2년 넘게 계속됩니다.

휴전 협상이 지지부진했던 데는 이승만 정부의 강력한 휴전 반대, 전쟁포로 송환과 석방 문제 등 여러 가지 원인이 있습니다. 그렇지만 가장 큰 이유는 스탈린의 셈법에 있었어요. 사실 김일성과 마오쩌둥, 그리고 트루먼에 이어 미국 대통령이 된 아이젠하워도 휴전을 원했죠. 아이젠하워는 1952년 미국 대선에서 한국전쟁의 종식을 공약으로 내세울 정도였어요.

그러나 스탈린의 생각은 달랐습니다. 그는 미국을 한반도에 계속 묶어두는 것이 유럽 등 다른 지역에서 소련이 우위를 점하는 데 유리하다고 여겼어요. 또 이 전쟁이 계속될수록 중국에 대한 소련의 영향력이 커지리라 봤죠. 그의 입장에서 한국전쟁은 인적·물적 피해는 최소화하면서도 커다란 전략적 이익을 가져다주는 전쟁이었던 거죠. 그래서 스탈린은 배후에서 휴전 협상을 방해하면서 북한과 중국에게 전쟁을 계속하라고 종용합니다. 이랬던 스탈린이 1953년 3월에 사망하면서 마침내 정전 협상에 속도가 붙기 시작하죠.

그런데 '북진 통일'을 내세운 이승만 정부는 정전 협상이 탐탁지 않았어요. 당시 협상의 막판 쟁점은 전쟁포로 송환 문제였어요. 그런데 6월 18일, 이승만 정부는 이들 가운데 반공 성향을 가진 포로 2만여 명을 몰래 석방해버립니다. 포로 송환 문제가 매듭지어지지 않은 상황에서 석방을 강행해 정전 협상을 저지하려는 속셈이었던 거죠. 이에 미국 정부는 이승만을 제거할 생각까지 할 정도로 격분했습니다. 끝내 실행에 옮기지 않았지만 아이젠하워 대통령이 이승만을 두고 "우리는 친구 대신에 새로운 적을 또 하나 얻은 것 같다"고 말했을 정도니까요.

당시 이승만 정부가 정전 협정을 강력히 반대한 데는, 이를 통해 '한미 상호방위조약'을 이끌어내겠다는 셈법도 작용했어요. 그때까지 미국은 이승만 정부가 독단으로 북진 통일을 감행할 가능성을 경계하며 한국과 공식적인 군사동맹을 맺는 걸 유보하고 있었죠. 밀고 당기는 협상 끝에 7월 12일에 〈한미 공동선언문〉이 채택되었어요. 핵심은 이승만은 정전 협정에 반대하지 않겠다고 약속하고, 미국은 상호방위조약 체결 의사를 표명한 것이었죠. 그리고 보름 후, 3년간 끌어오던 한국전쟁의 총성이 '일단' 멈춥니다. 정전협정이 체결된 것이지요.

이 전쟁으로 목숨을 잃은 사람만 150만 명에 달합니다. 360

만 명이 크고작은 부상을 입었고, 1000만이 넘는 이산가족이 생겨나기도 했지요. 이 끔찍한 참상은 남북한은 물론 미국을 비롯한 유엔 회원국 16개 나라와 중국이 직접 참전하고, 소련과 일본도 드러나지 않게 개입한 국제 전쟁이기도 해요. 안타깝게도 한국전쟁은 끝난 게 아닙니다. 정전, 즉 휴전 상태로 70년 가까이 이어져오고 있어요. 가끔 교전이 일어나기도 했지만 그렇다고 전쟁 중인 것도 아닌 상태로 말이죠. 여러분은 이런 '전쟁도 평화도 아닌 상황'을 어떻게 생각하세요?

북한

70년

남한

왜 평화는

오지 않죠?

3

한반도 평화! 우리나라의 역대 모든 대통령들이 다짐하고 약속한 것이죠. 북한도 평화를 말하고, 한반도 문제에 큰 영향력을 행사하는 미국과 중국 등 주변국들도 평화를 말합니다. 그만큼 많은 사람들이 평화를 염원하고 있어요. 그런데도 우리는 한반도에 평화가 왔다고 생각하진 않죠. 왜 그럴까요?

냉전 시대: 총성 없는 전쟁

2차 세계대전에서 미국과 소련을 비롯한 여러 나라들은 연합국을 구성해 나치 독일과 일본제국에 승리를 거두었어요. 그런데 세계대전이 끝날 무렵에 '냉전'이 싹트게 되죠. 냉전(Cold War)은 말 그대로 '차가운 전쟁', 즉 실제 전투가 벌어진 전쟁은 아니지만 그렇다고 평화도 아닌 상태를 의미해요. 또 자본주의와 사회주의(혹은 공산주의) 사이의 이념 대결, 미국과 소련이 자신의 세력권을 지키고 확대하려는 경쟁, 핵무기를 위시

한 군사력 경쟁을 특징으로 하죠.

미국과 소련을 중심으로 냉전이 시작되는 과정에서 한반도는 분단되었고 전쟁도 겪게 됩니다. 그리고 남한은 미국 주도의 자본주의 세계로, 북한은 소련 주도의 사회주의 세계로 빠르게 편입되었죠. 1953년에는 한미 상호방위조약이 체결되어 '한미 동맹'이 탄생합니다. 북한 역시 1962년에 소련 및 중국과 군사동맹을 맺어요. 1965년에는 한국과 일본이 수교를 맺습니다. 여기에는 공산진영을 상대하기 위해 한·미·일 세 나라가 결속해야 한다는 미국의 요구가 크게 작용했죠. 이로써 한국-미국-일본을 한쪽으로 하고, 북한-중국-소련을 다른 한쪽으로 하는 동북아시아 대결 구도가 생긴 것이죠.

냉전 시대에도 평화공존을 위한 노력이 없지 않았지만, 기본적으로 상대방 체제를 부정하고 불신하는 경향이 강했죠. 남북 관계는 더 했어요. 하나였던 나라가 분단되고 전쟁까지 치렀기에 적대감이 이루 말할 수 없었죠. 서로를 '괴뢰'라고 부를 정도였으니까요. 남한은 북한을 소련의 꼭두각시로, 북한은 남한을 미국의 꼭두각시로 여긴 셈이죠. 따라서 이런 상황에선 대화와 협상을 통해 평화적으로 공존하고, 나아가 통일을 실현하고자 하는 동기가 생기기 어렵습니다.

경제가 발전하려면 평화로워야 하죠. 평화를 위해선 서로 교류하고 협력해야 하고요. 그런데 냉전 시대에 남북은 제각기 자본주의와 사회주의 진영에 속했기 때문에 직접 교류하고 협력할 필요성도 느끼지 못했어요. 남한은 자본주의 국가들을 상대로 무역하면서 경제발전을 꾀하면 되었고, 북한은 사회주의 국가들과 무역하면서 경제를 유지할 수 있었죠.

이처럼 냉전 시대에는 남북한이 평화를 추구하려는 여건도 좋지 않았고 동기도 크지 않았어요. 대부분 상대방을 부정하고 적대했고, 저마다 군사동맹을 맺으며 경쟁을 벌였죠. 이를 핑계로 남북 모두 독재체제가 강화되기도 했고요.

그런데 1980년대 말~1990년대 초에 커다란 변화가 일어납니다. 동유럽의 사회주의 국가들이 자본주의로 체제를 전환하고, 유럽 냉전의 상징이었던 베를린 장벽이 무너지면서 독일 통일이 이루어진 거예요. 1989년에는 미국과 소련의 지

도자들이 만나 '냉전 종식'을 선언하고, 1991년에는 사회주의 진영의 맹주였던 소련이 해체돼요. 거대한 사회주의 국가 중국도 1970년대 말부터 자본주의를 본격 도입했고요. 이로써 냉전은 미국이 주도하는 자본주의 진영의 승리로 끝나게 된 거죠.

냉전 종식은 한반도에도 커다란 변화를 몰고 옵니다. 무엇보다 사회주의 진영의 체제 전환과 몰락은 한국의 외교 관계를 넓히는 기회가 되었어요. 1988년 서울 올림픽을 계기로 한국은 여러 사회주의 국가들과 수교를 맺었는데, 여기에는 특히 북한의 동맹인 소련(1990년)과 중국(1992년)도 포함되었어요. 그런데 남한과는 달리 북한은 미국·일본과 국교 정상화에 실패하면서 외교적으로 점점 고립되었죠.

일화 하나를 소개할게요. 한국이 1988년 올림픽 유치에 성공하자 북한은 이를 크게 질투했습니다. 그래서 다른 사회주의 국가들에 불참을 요구하면서 한편으로는 1989년 '세계청년학생축전'이라는 대규모 행사를 유치하게 돼요. 그리고 한국이 올림픽과 그에 앞서 개최된 1986년 서울 아시안게임을 위해 10만 명 규모의 잠실 올림픽 주경기장을 짓자, 북한은 15만 명을 수용할 수 있는 5·1 경기장을 평양에 만들게 되죠. 이 경기장은 오늘날까지 세계 최대 규모랍니다.

서울 올림픽 이전에 치러진 1980년 모스크바 올림픽과 1984년 로스앤젤레스 올림픽은 상대 진영 국가들이 대거 불참한 '반쪽'짜리 행사였어요. 반면 서울 올림픽에는 소련과 중국을 비롯한 사회주의 국가들도 대부분 참가하게 돼요. 냉전이 끝나가면서 세계가 달라진 것이죠. 서울 올림픽의 성공은 북한의 질투심과 경쟁심을 더욱 자극했습니다. 그래서 북한은 5·1 경기장을 비롯해 1989년 세계청년학생축전 준비에 어마어마한 돈을 쏟아 부었죠. 하지만 이 행사는 서울 올림픽만큼 세계적인 주목도 받지 못했고, 오히려 북한의 경제난을 키우게 되었어요.

이렇게 냉전이 자본주의 진영의 승리로 끝났듯, 남북 간 경쟁에서도 남한의 우위가 확고했어요. 남한은 외교적 성과뿐만 아니라 경제성장과 민주화에서도 빛나는 성취를 이뤄냈죠. 반면 북한은 외교적 고립과 경제적 궁핍에 시달렸어요. 독재는 더 심해졌고요. 이 시기부터 남한은 '자신감'을 갖게 되었고, 북한은 '생존'을 걱정해야 하는 상황에 몰리게 됩니다. 세계 냉전 종식과 남북한 체제 경쟁에서 남한의 우위가 한반도 정세에 중대한 변화를 가져온 것이죠.

보이지 않는 거대한 경쟁

냉전 시대에는 남북한이 서로 교류할 필요를 못 느꼈지만, 탈냉전은 이런 생각을 바꿔야 할 동기와 여건을 만들어냅니다. 자신감을 갖게 된 남한은 이른바 '북방정책'을 펼치게 돼요. 앞서 설명한 것처럼 소련·중국과의 수교, 남북한의 화해·협력과 평화 정착, 그리고 평화적 통일을 위한 여건 마련에 나선 것이죠.

이러한 선택에는 여러 가지 요인이 작용했어요. 1000만 이산가족의 한을 풀어야 한다는 인도적 동기도 있었고, 남북 간 경제협력을 본격화해 새로운 성장 동력을 찾아야 한다는 동기도 있었죠. 또 민주화가 진전되면서 남북 관계 개선을 요구하는 시민들의 목소리도 높았습니다. 독일 통일 이후 한반도가 유일한 분단 지역으로 남은 것에 대한 문제의식도 컸고요.

북한의 사정은 더욱 절박했습니다. 그동안 북한 경제를 지원해왔던 소련은 해체되었고, 그 뒤를 이은 러시아는 자기 코가 석 자였죠. 중국도 개혁·개방을 통해 자본주의를 적극 도입하고 있었고요. 북한만 외톨이로 남게 된 것이죠. 이 위기를 탈출하기 위해 북한은 두 가지 정책을 펼칩니다. 하나는 적대국들인 한국·미국·일본과의 관계 개선, 다른 하나는 핵과 미사일 개발이었죠. 두 정책은 상호 모순이면서도 보완적이에요. 북한이 핵과 미사일을 개발하면 한·미·일과의 관계 개선은 기대하기 어렵겠죠. 그렇지만 북한의 군사적 힘은 한·미·일을 상대로 한 협상 카드, 즉 '외교적 지렛대'이기도 했어요. 이로 인해 한반도 평화는 북한의 핵과 미사일 문제와 떼어놓을 수 없게 되었죠.

돌이켜보면 사람들이 한반도에 곧 평화가 올 거라고 기대한 적은 여러 차례 있었습니다. 여러분은 최초의 남북한 스포츠 단일팀이 언제 만들어졌는지 아세요? 1991년이에요. 생각보다 오래전이죠? 여자탁구 남북 단일팀이 일본에서 열린 세계 선수권 대회에서 세계 최강 중국을 꺾고 우승한 때였죠. 이 감격스러운 장면을

★ 〈남북 기본합의서〉와 〈한반도 비핵화 공동선언〉에 대해서는 8장(145~146쪽)에서 좀 더 자세하게 설명할게요.

담은 영화가 2012년에 개봉한 〈코리아〉예요. 여러분께 추천하고 싶은 작품이기도 해요. 또 이 시기에는 〈남북 기본합의서〉가 체결되고 〈한반도 비핵화 공동선언〉도 채택될 정도로 남북 간 분위기가 좋았어요.* 북한은 일본과 국교를 맺는 걸 논의했고, 미국과의 외교적 만남도 자주 가졌죠. 불행히도 이런 평화 분위기는 오래가지 못했어요

2000년 6월에는 분단 이후 처음으로 남북 정상회담이 열립니다. 남한의 김대중 대통령과 북한의 김정일 국방위원장이 평양에서 만난 것이죠. 정상회담을 마치고 돌아온 김대중 대통령은 공항에서 내리자마자 "한반도에 더 이상 전쟁은 없습니다"라고 선언해요. 그해 9월과 10월에는 북한과 미국이 특사를 교환하면서 북미 관계도 개선되는 듯했고요. 그러나 이런 노력들은 불과 2~3년 뒤 한반도에 또다시 전쟁 위기가 찾아오면서 빛이 바래고 말았죠.

2007년에도 평화의 기회가 오는 듯했습니다. 당시 남북과 미·중·일·러가 모여 '6자 회담'을 개최한 것이죠. 6자 회담은 북핵 문제의 해결과 한반도 평화, 나아가서는 북미·북일 관계 정상화와 동북아시아의 평화체제 마련을 논의하기 위한 틀이 었어요. 2003년에 시작된 이 회담은 우여곡절을 겪다가 2007년에 의미 있는 진전을 이뤄내게 돼요. 이어서 북미 간 만남이 재개되었고, 남북도 두 번째 정상회담을 가졌습니다. 6자 회담-북미 대화-남북 정상회담이라는 선순환이 만들어지고 있었던 것이죠. 그러나 이 역시 오래가지 못했습니다.

2018년은 한반도 평화에 대한 기대가 절정에 달했던 시기예요. 문재인 대통령과 김정은 위원장이 세 차례 정상회담을 가졌고, 사상 최초로 북미 정상회담이 열리기도 했죠. 6월 싱가포르에서 있었던 김정은 위원장과 도널드 트럼프 대통령의 만남은 올림픽이나 월드컵에 버금갈 정도로 세계적인 관심을 모았어요. 연이은 만남에서 남·북·미 정상들은 한반도 평화체제 구축, 완전한 비핵화, 북미 관계 정상화를 추진키로 했죠. 안타깝게도 이런 노력들 역시 물거품이 되고 말았습니다.

궁금하죠? 왜 한반도 평화가 올 듯 말 듯 하는지 말이죠? 한 번도 아니고 계속해서 반복되다 보니 마치 어떤 공식처럼 느껴지지 않나요? 여러 세상일이 그런 것처럼, 한반도에서도 평화를 향한 '작용'이 일어나면 이를 막고자 하는 '반작용'도 생겨나게 마련이죠. 앞에서 정리한 것은 그 작용이 반작용에 제압당해온 역사입니다.

저는 한반도 평화 문제를 대화·타협으로 현상을 바꾸려는 세력과 현상을 유지하고자 하는 세력의 '보이지 않는 거대한 경쟁'이라고 생각합니다. 이 말을 이해하려면 '현상(현재의 상황)'을 제대로 아는 게 중요해요. 한반도에서 현상의 핵심은 정전체제, 혹은 휴전체제입니다. 여러분도 알다시피 한국전쟁은 끝난 게 아니죠. 1953년에 체결된 정전협정은 '전쟁 종식'이 아니라 '교전의 일시적 중지'를 의미해요. 따라서 정전체제에서 평화체제로의 전환은 평화적인 방향으로 현상이 변화하는 걸 뜻하고요. 이는 한반도뿐만 아니라 아시아와 세계 질서에도 커다란 변수로 작용하게 되죠.

이런 '현상의 변화'가 지금까지는 실패해왔습니다. 왜 그럴까요? 우선 한반도 정전체제는 한미 동맹과 한 몸처럼 연결되어 있어요. 한미 동맹의 가장 큰 존재 이유가 정전체제의 안정적인 유지·관리에 있다는 말이죠. 이는 거꾸로 정전체제가 평화체제로 바뀌면 한미 동맹 역시 변화한다는 것을 의미해요. 평화협정을 체결한다는 것은 한미 동맹의 '공동의 적'인 북한과 친구가 되겠다는 결심이기 때문이죠. 그런데 한국과 미국에는 한미 동맹이 강화되어야 한다고 믿는 사람이 많고, 그들의 영향력도 강합니다. 결국 평화체제가 '현상의 변경'이라면, 한미 동맹의 강화는 '현상 유지'를 의미해요. 이 둘 사이에 고도의 긴장관계가 있는 것이죠.

이뿐만이 아닙니다. 앞에서 잠깐 소개한 이름인데요. 드와이트 아이젠하워라는 미국 대통령 아시죠? 2차 세계대전의 영웅이자 5성 장군 출신 정치인으로 미국인들이 존경하는 위인이에요. 그런데 아이젠하워는 1961년 대통령직에서 퇴임하면서 "미국인들은 군산복합체의 부당한 영향력을 경계해야 한다"라는 말을 남겼어요. 미국의 군산복합체는 군부와 무기산업체들이 결탁해 부당한 이익을 추구하는 세력을 가리키는 용어예요. 요즘은 여기에 정치인들을 포함시켜 '군산정복합체'

라고도 부르곤 하죠. 이들의 영향력은 한반도에도 깊숙이 뻗쳐 있어요. 미국의 군산정복합체는 언제나 무기를 파는 데 혈안이 되어 있죠. 이들이 한국에 무기를 파는 가장 좋은 방법은 무엇일까요? 맞아요. 북한이 적대적인 세력으로 존재하고, 그 위협을 부풀리는 게 효과적이겠죠. 그래서 군산복합체는 언제나 북한과 친구가 되기보다는 적으로 남겨두면서 한국에 무기 수출을 늘리고 동맹을 강화하는 걸 선호해요.

북한은 어떨까요? 평화적인 현상 변경을 위해서는 북핵 문제 해결이 매우 중요합니다. 대북 경제제재 해결, 한반도 평화 체제 구축, 북미 수교 등 굵직한 사안들이 한반도 비핵화와 함께 묶여 있기 때문이죠. 그런데 북한은 궁핍한 나라 살림에도 허리띠를 졸라매고, 국제사회로부터 온갖 핍박을 받으면서 핵무기를 만들었어요. 많은 전문가들은 핵무기를 북한의 거의 유일한 '생존 수단'이라며, 북한은 이를 포기하지 않을 것이라고 주장해요. 사실 북한이 이러한 의구심을 불식시킬 만한 태도를 보였다고 평가하기도 어렵고요. 즉 북한이야말로 현상 변경을 간절히 원하지만, 여기에 반드시 필요한 핵무기 포기는 망설이고 있는 거죠. 이를 위한 대화나 협상에서도 까다롭게 굴고 있고요.

어떤가요? 이만하면 미국 강경파들과 북한 정권은 같은 하늘 아래에서 살 수 없는 앙숙처럼 보이죠. 그러나 이들 관계의 다른 면도 있어요. 흔히 '적대적 의존 관계' 혹은 '적대적 공생'으로 불리는 측면이에요. 예를 들어 미국의 군산정복합체에게 북한 위협론은 최고의 돈벌이 수단이죠. 거꾸로 북핵은 그들이 만들어낸 대북 강경론을 자양분으로 삼아 커져왔고요. 서로 삿대질하면서도 공생하고 있는 셈이죠.

북한과 미국의 이런 복잡한 관계를 극복하기 위해서는 한국의 역할이 매우 중요해요. 하지만 우리나라 내부에도 문제가 많답니다. 무엇보다 정권이 바뀔 때마다 대북 정책도 확확 바뀌기 일쑤예요. 남북·한미 관계를 둘러싼 남한 내부의 남남 갈등도 심하고요. 세계 9위의 경제력과 세계 6위의 군사력을 갖춘 선진국임에도 미국에 의존하려는 심리가 적잖은 것도 풀어야 할 숙제입니다.

북한은 우리에게

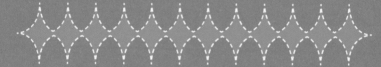

어떤 존재인가요?

여러분은 '북한' 하면 무엇이 떠오르나요?
김정은? 평양냉면? 금강산? 저도 여러분의 생각이 참으로
궁금합니다. 평소에 많이 접해본 질문은 아니겠지만,
잠시 눈을 감고 생각해볼까요? 친구들이나 어른들과
이야기해보는 것도 좋겠어요.

북한?

음...

있기도 없기도 한 북한

우리나라 헌법에 따르면 북한은 없기도 하고 있기도 합니다. 헌법 3조는 "대한민국의 영토는 한반도와 그 부속도서로 한다"라고 명시하고 있어요. 이 조항대로 보면 북한 지역도 대한민국의 영토가 되겠죠. 또한 헌법의 하위법령인 국가보안법은 북한을 대한민국의 영토를 불법으로 점거한 "반국가단체"로 규정하고 있어요.

반면 헌법 4조를 보면 "대한민국은 통일을 지향하며, 자유민주적 기본질서에 입각한 평화적 통일 정책을 수립하고 이를 추진한다"라고 되어 있어요. 평화통일을 추구한다는 것은 대화와 합의를 통해 남북 관계 개선을 모색한다는 뜻이겠죠. 따라서 이 조항은 북한을 정치적 실체로 인정한다는 이야기입니다.

북한이 있다는 건지 없다는 건지 혼란스럽지요? 우리 헌법재판소도 1997년에 이 혼란을 해소하려고 했어요. 헌법재판소는 북한에 대해 "조국의 평화적 통일을 위한 대화와 협력의 동반자임과 동시에 대남적화노선을 고수하면서 우리 자유민주체제의 전복을 획책하고 있는 반국가단체라는 성격도 함께 갖고 있음이 엄연한 현실"이라고 평가해요. 그러면서 "대화와 협력의 동반자"로서의 북한은 남북 교류·협력에 관한 법률 등으로, "반국가단체"로서의 북한은 국가보안법의 시행으로 대처하고 있다고 덧붙였죠.

한편 1991년에 북한과 남한은 나란히 유엔 회원국으로 가입하게 돼요. 이는 남북 간 합의에 따른 행위인 동시에 국제사회가 남북한을 별개의 주권국가로 승인한 사건이기도 해요. 시야를 넓혀볼까요? 2020년 현재 한국과 수교한 나라는 191개국이에요. 북한과 수교한 나라는 161개국이고요. 남북 모두와 수교한 나라도 158개국에 달합니다. 수교는 서로를 주권국가로 인정한다는 것을 의미하죠. 따라서 북한은 국제사회가 인정하는 엄연한 주권국가로 볼 수 있어요.

그렇다면 남북한은 두 개의 나라가 된 것일까요? 꼭 그렇지는 않아요. 유엔 동시 가입 직후 남북이 서명한 〈남북 기본합의서〉에는 이렇게 나와 있거든요. "남과 북은 나라와 나라가 아닌 통일을 지향하는 과정에서 잠정적으로 형성되는 특수한 관계이다." 이 규정은 남북이 비록 국제사회에서는 각각의 주권국가라고 할지라도, 통일이라는 목표를 공유하고 있음을 밝히고 있어요.

이러한 규정은 남북의 관계 당국뿐만 아니라 일반 시민들에게도 영향을 미치고 있어요. 우리는 외국에 나가기 위해 외교부 장관이 발급하는 여권을 이용하죠. 그럼 북한에 갈 때는 어떨까요? 외교부가 아닌 통일부 장관이 발급하는 '북한 방문 증명서'가 필요해요. 또 외국을 오갈 때 '출국(出國), 입국(入國)'이라고 하는 데 비해 북한을 드나들 때는 '출경(出境), 입경(入境)'이라고 해요. 남한의 동서쪽 최북단에 자리한 경의선 도라산역과 동해선 고성역에도 같은 글귀가 적힌 표지판이 있답니다. 또한 "통일을 지향하는 특수 관계"는 교역에도 영향을 줍니다. 남북 간의 교역을 '민족 내부의 거래'로 여겨 수출입 통계에 넣지 않고, 개성공단에서 만든 제품에는 관세도 매기지 않은 것이죠.

다양한 얼굴의 북한과 우리 안의 북한

우리나라 사회는 다양한 구성원들로 이뤄진, 다원성을 중시하는 민주주의 체제예요. 그만큼 북한이라는 존재 또한 우리에게 다양한 얼굴로 다가오곤 합니다. 총을 들고 전방을 지키는 군인들에게 북한은 경계의 대상이겠죠. 북한의 핵무장 소식에 '북핵을 머리에 이고 살 수는 없다'며 나라의 앞날을 걱정하는 사람들도 많습니다. 독재와 인권 탄압을 이유로 북한 정권을 몰아내야 한다고 주장하는 사람들도 있고요.

한편 북쪽이 고향이고, 그곳에 가족·친지가 있는 사람들에게 북한은 꼭 가보고 싶은 곳입니다. 또 여러 기업인에게 북한은 가까우면서 자원이 많고 임금 부담이 적은 '기회의 땅'이기도 하죠. 이 밖에도 평양냉면을 좋아하는 사람은 평양의 옥류관 방문을, 등산을 즐기는 사람은 금강산이나 백두산 등정을 꿈꾸기도 하고요. 북한이 어려운 만큼 도와줘야 한다고 주장하는 사람도 있습니다. 통일까지는 아니더라도 남북을 자유롭게 오갈 수 있기를 기원하는 사람들도 많고요.

한때는 남북 간 왕래가 그리 까다롭지 않았답니다. 예를 들어 금강산 관광은 1998년 시작되어 10년간 계속되었어요. 그동안 금강산을 방문한 관광객 수는 200만 명에 달해요. 또 개성공단의 많은 기업인과 노동자들이 남북을 오가며 출퇴근하는 풍경을 연출하기도 했죠. 북한의 수도인 평양, 한반도에서 가장 높은 산인 백두산을 방문한 사람들도 많습니다. 저만 하더라도 금강산, 개성, 평양을 다녀온 적이 있으니까요. 남한 사람들만큼은 아니었지만, 북한 사람들도 종종 남쪽을 방문하곤 했습니다.

하지만 2008년에 금강산 관광객 한 명이 실수로 북한군의 경계지역에 들어갔다가 총을 맞고 사망한 사건이 발생하면서 관광 사업이 중단되었어요. 2016년에는 북한의 핵실험에 대한 대응조치로 개성공단이 폐쇄되었고요. 이 시기에 대북 경제제재가 강해지고 남북 관계도 악화되면서 북한을 방문하는 사람들도 크게 줄어들게 되었답니다. 어느덧 북한은 가기 힘든 곳이 되고 만 것이죠.

학자들에 따르면, 어디를 방문하거나 누군가를 만난다고 상상만 해도 해당 지역과 사람에 대한 호감도가 올라간다고 합니다. 실제로 그곳에 가보거나 누군가를 만나서 대화를 나누면 호감은 더욱 커지는 경향이 있다고 하고요. 그런데 이제 북한에 갈 수도, 북한 사람과는 만날 수도 없다고 생각하는 사람들이 늘어나고 있습니다. 실제로 그렇다고 해도 틀린 말이 아니고요. 사정이 이렇다보니 우리는 있는 그대로의 북한이 아닌, 미디어가 '보여주는' 북한에 더 익숙한 형편이에요.

그런데 우리 언론의 북한 관련 보도는 '카더라'가 많습니다. 실체가 불분명한 소식통을 인용해 '맞으면 좋고 아니면 말고'

식의 보도가 넘쳐흐르죠. 북한의 지도자 김정은에 대한 보도도 마찬가지예요. 심지어 김정은은 우리 언론에 의해 죽었다 살아나기도 한답니다. 김정은이 한동안 모습을 드러내지 않으면, 큰 병에 걸렸다거나 암살 위협을 피해 은둔 중이라는 뉴스가 빠지지 않고 등장하죠.

2020년 4월에 김정은이 열흘가량 공식석상에 나타나지 않았어요. 그러자 국내외 일부 언론들은 앞다퉈 사망설을 전하기 시작했죠. 미국의 정찰기가 한반도 상공에서 북한의 동향을 파악하기도 했고요. 그런데 5월이 되자 죽었다던 김정은이 활짝 웃는 얼굴로 등장합니다. 김정은에 대한 반감과 언론의 과도한 상업주의가 빚어낸 촌극이었죠.

북한은 휴전선 너머에 있는 존재이지만, 우리 안에도 존재합니다. 특히 주요 선거철이 다가오면 빠지지 않고 등장하는 단골손님이 북한이지요. 한국전쟁을 일으켰다는 역사적 사실과, 지금도 호시탐탐 한반도의 공산화를 노린다는 과장된 주장이 섞이며 만들어지는 '북풍'은 남북 문제를 생산적인 토론이 아닌 색깔론과 감정싸움으로 몰아가곤 해요. 특히 우리 사회와 정치에서 어떤 사람이 '친북'이나 '종북'으로 찍히면 어려운 처지에 몰리곤 합니다. 이러한 공격은 대체로 별다른 근거가 없는데도 말이죠. 대표적인 사례 하나만 언급해볼게요.

2012년 12월에 열린 대통령 선거에서 새누리당과 박근혜 후보는 민주당과 문재인 후보를 공격하기 위해 이런 주장을 내놓았어요. 2007년 남북 정상회담에서 당시 노무현 대통령이 김정일 국방위원장에게 서해 북방한계선(NLL)을 포기하는 발언을 했다는 것이었죠. 그간에는 이 북방한계선을 두고 사실상의 군사분계선이라는 남한의 입장과, 미국이 일방적으로 그은 선일뿐이라는 북한의 입장이 팽팽히 맞서왔습니다.

'한반도의 화약고'로도 불리는 북방한계선 인근에서는 실제로 세 차례의 서해교전과 천안함 침몰, 그리고 북한의 연평도 포격 사건이 발생하기도 했어요. 그만큼 북방한계선은 대단히 예민한 문제이고 그래서 '북방한계선을 포기했다'는 주장은 엄청난 파장을 일으키게 되죠. 노무현 대통령의 비서실장을 지냈고, 노무현 정부 계승을 내세운 민주당의 문재인 후보에겐 엄청난 악재였고요. 결과적으로 이 선거는 새누리당과 박근혜 후보의 승리로 끝났습니다. 그렇다면 진실은 무엇이었을까요? 나중에 노무현-김정일의 정상회담 대화록 전문이 공개되었지만 어디에도 '북방한계선 포기' 발언은 찾아볼 수 없었답니다.

이처럼 북한은 복잡한 존재입니다. 그래서 북한의 실체를 제대로 알기도 어렵지만, 북한을 바라보는 우리 사회의 시선도 복잡해요. 남남갈등도 심각하고요. 물론 민주주의 국가이자 다원주의 사회인 우리나라에서 내부 갈등이 존재하는 것은 당연합니다. 갈등의 존재를 인정하지 않거나 갈등을 억압하는 사회보다는 드러내놓고 이야기하는 사회가 훨씬 건강한 체제이니까요.

그런데 알고 보면 북한은 상당히 변화하고 있어요. 오히려 남한 사람들의 인식이 그 변화를 따라가지 못하는 부분도 있고요. 여러분에겐 북한의 어떤 변화가 보이나요? 제가 보기엔 대북 지원에 대한 태도가 바뀌었어요. 아직도 사람들은 우리 정부가 북한을 많이 지원한다고 알고 있죠. 어떤 분들은 '퍼주기' 한다며 비난하고요.

하지만 우리 정부의 대북 지원은 2008년 이래 사실상 끊어졌답니다. 북한의 김정은 역시 아버지 김정일 때와는 달리 남측에 별다른 지원을 요구하지 않고 있어요. 스스로의 힘으로 살아보겠다는 의지를 보이고 있죠. 그래서 문재인 정부가 쌀을 주겠다고 해도 받지 않았고, 코로나19 방역 물자 지원도 거절한 바 있습니다.

　이렇듯 북한의 변화에도 불구하고 우리 사회는 여전히 두 가지 시선이 팽팽히 맞서 있어요. 하나는 살림살이가 어려운 북한을 도와주면 대화에도 나오고, 좀 더 평화적인 태도를 보이지 않겠느냐는 거예요. 다른 하나는 여전히 우리 정부가 북한에 많은 물자를 지원하고 있다고 믿고, 이를 비난하는 것이죠.

핵문제는 어떻게

봐야 할까요?

5

아마 '북한' 하면 가장 많이 떠오르는 단어는 '핵무기'일 겁니다.
언론에서도 이걸 자주 거론하고요. 실제로 북한은 툭하면 핵실험을
하고 핵무기를 실어 나르는 미사일도 시험 발사하죠. 북한은 2021년
현재 50개 안팎의 핵무기를 가졌다고 알려져 있고,
이 숫자는 앞으로도 계속 늘어날 수 있어요.

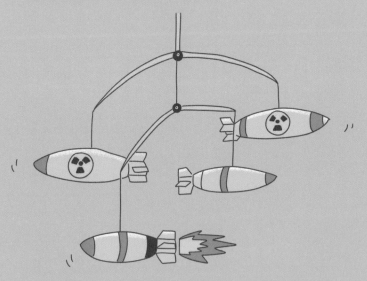

이러한 현실을 생각하면 마음이 무거워집니다.

저도 딸과 아들이 있는 아빠이고, 아이들에게 물려줄 수 있는 최고의
선물은 '핵 없는 평화로운 한반도'라고 생각하거든요.

그런데 북한의 지도자 김정은도 비슷한 말을 한 적이 있어요.

2018년 3월에 미국 국무장관이 평양을 방문해 김정은에게
물었어요. "핵을 포기할 수 있다고 했는데 진심인가요?" 그러자
김정은은 이렇게 답했다고 해요. "나도 아이들을 키우는 아빠입니다.
아이들에게 핵무기라는 무거운 짐을 넘겨주고 싶지 않아요."

여러분은 이 말을 어떻게 받아들이나요? 김정은은 진심으로
한 말인데, 상황과 조건이 따라주지 않아 실천에 옮기지 못한
걸까요? 아니면 애초부터 빈말을 한 걸까요?

한반도 핵문제는 1945년부터 시작

핵문제라고 하면 북핵 문제만 떠올리는 경우가 많은데요. 한
반도 핵문제의 뿌리는 이보다 훨씬 깊고 넓답니다. 우리나라
사람들과 핵무기의 악연은 원자폭탄이 처음 등장한 1945년
으로 거슬러 올라갑니다. 1945년 8월 6일과 9일, 미국이 일본
히로시마와 나가사키에 원자폭탄을 떨어뜨렸죠. 그곳에 머물
던 조선인 4만 명이 목숨을 잃고 3만 명이 부상을 입었어요.
결국 우리나라 사람들은 일본인들 다음가는 핵무기의 피해자

인 셈이죠. 또 앞서 설명한 것처럼 한반도 분단과 전쟁도 핵무기와 무관하다고 보기 힘들고요.*

★ 청소년을 위한 핵무기와 세계사에 관한 책으로는 《흥미진진 핵의 세계사》(정욱식 지음, 2020년, 갈마바람)를 읽어보세요.

한국전쟁에서도 핵무기가 사용될 뻔했습니다. 미국은 한국전쟁 초기에 북한군에게 일방적으로 밀렸을 때도, 중국이 전면적으로 참전했을 때도, 그리고 정전협상이 지지부진할 때도 핵폭탄 사용을 고민했어요. 물론 끝내 핵공격을 선택하지는 않았습니다. 왜 그랬을까요?

여러 가지 사정이 있었지만 인종차별주의 문제가 중요하게 작용했어요. 미국은 당시 흑인 차별로 국제적 비난을 받고 있었어요. 일본에는 핵폭탄을 떨어뜨렸고요. 그래서 만약 한국전쟁에서도 핵무기를 사용하면 백인이 사회의 주류인 미국이 유색 인종의 인명을 경시한다는 비판에 시달릴 게 뻔했답니다. 이를 부담스러워한 미국이 핵공격을 자제한 것이죠.

한국전쟁은 오늘날의 핵문제와도 연결되어 있어요. 예를 들어볼까요? 평양 능라도에는 앞서 소개한 5·1 경기장이 있어요. 북한이 체제 과시를 위해 무리해서 건설한 세계 최대 규모의 경기장이죠. 2018년 9월 19일 저녁, 남한의 문재인 대통령이 이곳의 단상에 서게 됩니다. 그는 경기장을 가득 메운 15만 평양 시민들 앞에서 "백두에서 한라까지 아름다운 우리 강산을 영구히 핵무기와 핵 위협이 없는 평화의 터전으로 만들어 후손들에게 물려주자고 김정은 위원장과 확약했습니다"라고 천명합니다. 그러자 평양 시민들이 열렬한 박수와 환호로 화답했지요. '이게 실화냐'라는 감탄이 절로 나오는 장면이었습니다.

5·1 경기장에 모여든 평양 시민들은 얼마전까지만 하더라도 자신들이 허리띠를 졸라매며 만든 핵무기에 커다란 자부심을 갖고 있었어요. 그런 이들이 남한 대통령의 '핵 없는 한반도' 연설에 박수로 화답한 이유를 어떻게 해석할 수 있을까요? 그리고 이 장면은 한국전쟁과 어떻게 이어질까요?

잠시 시곗바늘을 한국전쟁 당시로 돌려볼까요? 38선을 돌파해 북한 점령을 눈앞에 뒀던 유엔군은 중국의 참전으로 고전을 겪고 있었어요. 이에 트루먼 미국 대통령은 기자회견에서 핵공격을 암시하는 발언을 합니다. 소식을 전해들은 북한 주민 약 30만 명은 미군 함정이 정박해 있던 흥남부두로 몰려 들었어요. 저마다 다양한 사연이 있었지만, 대부분은 머리 위로 핵폭탄이 떨어지기 전에 필사의 탈출을 감행한 사람들이었죠. 이들 가운데 약 9만 3000명이 미군 함정에 몸을 싣고 남한으로 오게 되었어요. 그 가운데에는 문재인 대통령의 부모도 있었답니다.

이렇듯 북한 주민들은 1950년부터 핵전쟁의 공포에 시달렸습니다. 북한 정권이 주민들에게 과도한 피해의식을 주입한 면이 있지만, 미국의 핵 위협이 실제로 존재한 것도 부인하기 어려운 사실이죠. 이와 관련해 한 언론은 "1950년대부터 현재에 이르기까지, 미국은 반복적으로 북한에 대해 핵무기 사용을 고려해왔고, 계획해왔으며, 위협해왔다"고 보도한 바 있어요. 북한의 주장처럼 들리겠지만, 이렇게 분석한 곳은 미국의 대표적 뉴스 통신사인 AP통신입니다. 이 기사는 "미국의 핵 위협은 북한에게 핵무기를 개발·보유할 구실을 주고 있다. 북한은 이러한 기본적인 문제가 해결되지 않는 한, 핵무기를 포기하지 않을 것"이라는 전망을 내놓고 있어요.

간단한 퀴즈 하나 낼게요. 세계에서 가장 깊은 지하철이 있는 도시는 어디일까요? 답은 평양이에요. 평균 깊이가 100미터에 달한다고 하죠. 지하철 말고도 북한에는 요새화한 시설이나 지역이 많은데요. 왜 그랬을까요? 방금 소개한 AP통신 보도를 떠올리면 답이 나옵니다. 북한 사람들이 품어온 미국의 핵 공격에 대한 두려움이 그만큼 깊고도 넓은 것이죠. 그래서 문재인 대통령이 말한 "핵무기와 핵 위협이 없는 평화의 터전"은 북한 사람들의 염원이기도 합니다.

한국전쟁 이후 한반도 핵문제는 새로운 국면을 맞이하게 됩니다. 미국은 1954년 '대량 보복 전략'을 천명하는데요. 이는 재래식 군사력으로 공격해오는 적에게 핵무기로 보복한다는 의미예요. 한마디로 핵을 이용한 보복 위협으로 적의 재래식 공격을 억제하고, 실패할 경우 실제로 핵무기를 동원해 승리한다는 전략이죠. 이에 따라 미국은 한국에도 다양한 핵무기를 배치했는데, 그 숫자가 1970년대 중반에는 무려 700개에 달했다고 해요. 그리고 이 시기부터 '팀스피릿(Team Spirit)'이라는 한미 합동군사훈련이 실시되었는데요. 당시 세계 최대 규모로 진행된 이 훈련에는 북한을 목표로 한 핵공격 프로그

램도 포함되어 있었어요.

이후 한반도 정세는 팀스피릿 훈련 여부에 따라 천당과 지옥을 오가게 됩니다. 이 훈련이 실시될 때마다 북한은 극도의 긴장 상태에서 전시 체제에 들어가곤 했죠. 북한은 1991년 미국이 남한에 배치했던 핵무기를 먼저 철수했음에도, 자신들의 핵시설에 대한 국제기구의 사찰을 거부하고 있었어요. 그런데 1992년 초에 한국과 미국 대통령이 팀스피릿을 중단하겠다고 발표하자 비로소 핵사찰을 받아들이고 1992년 〈한반도 비핵화 공동선언〉에도 참여하게 됩니다. 북한이 팀스피릿 훈련을 얼마나 경계했는지 짐작할 수 있는 대목이죠. 그러나 1992년 말 한미 양국이 팀스피릿 훈련을 재개하기로 하고 이듬해 실제로 강행하자, 북한은 핵확산금지 조약(NPT)* 탈퇴를 선언해버려요. 이때부터 북핵 문제가 한반도에 본격적으로 먹구름을 드리우게 됩니다. 여러분도 알다시피 북핵 문제는 아직까지 해결되지 않고 있지요.

★ 핵무기의 확산을 막고 핵 기술의 평화적 이용을 위한 국제 조약이에요. 이 조약에 따르면 합법적 핵무기 보유국으로 인정받은 5개국 외 다른 나라들은 새롭게 핵무기를 보유할 수 없어요. 또한 핵무기 보유국이 다른 나라에 핵무기를 제공하는 것도 금지됩니다.

문제를 해결할 기회는 있었어요. 1994년 10월, 북한과 미국이 스위스에서 체결한 〈제네바 합의〉가 바로 그것이죠. 이 합의를 통해 북한은 핵 개발을 멈추고, 궁극적으로는 포기하기로 약속해요. 그 대가로 미국은 북한에 대한 핵 위협을 중단하고, 정치적·경제적 관계를 정상화하며, 현대식 원자력 발전소인 경수로 건설을 돕기로 했고요. 중간에 우여곡절도 있었지만, 이 합의는 2000년까지는 비교적 잘 지켜졌어요.

그러나 2001년 미국에 조지 W. 부시 정부가 들어서면서 사태가 악화되기 시작해요. 부시 정부는 전임인 클린턴 정부가 합의한 제네바 합의를 '악행에 대한 보상'으로 간주했어요. 심지어 북한을 '악의 축'이라고 부르면서 선제 핵공격 대상에 올려놓았죠. 또한 북한이 고농축 우라늄을 이용한 핵무기를 몰래 개발하고 있다며 비난을 퍼부었어요. 이에 북한은 미국이 〈제네바 합의〉를 깼다는 명분으로 다시 핵 개발 카드를 꺼내들게 되죠. 2003년 1월에는 〈제네바 합의〉에 따라 잔류했던 핵확산금지조약에서 탈퇴한 북한은 2005년 2월, 마침내 핵무기 보유를 선언합니다. 이후로도 2021년 6월까지 6차례에 걸친 핵실험을 실시하며 한반도에 공포를 드리우게 되죠.

북핵 문제를 해결할 또 한 번의 기회는 2018년에 찾아왔어요. 김정은과 도널드 트럼프 미국 대통령이 싱가포르에서 역사적 악수를 나눈 것이죠. 최초의 북미 정상회담이었어요. 이 회담에서 두 정상은 북미 관계를 정상화하고, 정전체제를 평화체제로 전환하며, 한반도의 완전한 비핵화를 추진하기로 했어요. 이러한 만남과 합의에는 남한 정부의 역할도 컸답니다.

싱가포르 정상회담 이후 김정은과 트럼프는 수십 통의 편지를 주고받으며 우정을 과시했어요. 트럼프는 "김정은 위원장과 사랑에 빠졌다"고 표현해 세계를 깜짝 놀라게 했죠. 하지만 구체적 안건을 놓고 2019년 베트남 하노이에서 열린 2차 북미 정상회담은 끝내 결렬되고 맙니다. 여러 가지 이유가 있었지만 '하나씩 해결해가자'는 김정은의 입장과 '한꺼번에 다 내놓으라'는 트럼프의 입장이 충돌한 게 컸어요. 이후 2020년 대선에서 승리한 조 바이든이 새로운 미국 대통령이 되었지만 북핵 문제에 별다른 진전은 없는 상태예요. 김정은 역시 '내 길을 가겠다'며 남북 대화와 북미 대화에 흥미를 보이지 않고 있죠.

북핵 문제를 풀려면

여러분은 북한의 핵무장을 어떻게 생각하세요? 많은 사람들이 그렇듯이 저 역시 잘못된 선택이라고 생각합니다. 동시에 북핵 문제를 풀기 위해서는 상대방의 입장에서 돌아보는 '역지사지'의 태도가 중요하다고 봐요. 대화와 협상에 임할수록 이러한 자세는 더욱 중요하겠지요.

미국을 비롯한 국제사회가 북핵 문제에 가장 즐겨 사용하는 처방은 경제제재입니다. 곤궁한 처지의 북한을 경제적으로 압박하면 북한 지도부가 생각을 고쳐먹으리라고 보는 거죠. 실제로 대북 경제제재는 끊임없이 강화되어왔습니다. 이 때문에 북한은 정상적인 무역도, 외부에서 돈을 빌리는 것도 어려운 상황이에요. 개성공단과 금강산 관광이 재개되지 못하는 이유도 경제제재에 있답니다. 그런데 이런 강력한 압박에도 불구하고 북한은 핵을 포기할 생각이 없는 것처럼 보여요. 왜 그럴까요?

2019년 3월의 일인데요. 제가 미국 국무부를 방문해 미국 관료들과 논쟁을 벌인 대목을 소개해볼게요. 당시는 2차 북미 정상회담이 결렬된 직후였어요. 저는 회담 실패의 중대 원인이 미국이 북한에 너무 과도한 요구를 내놨기 때문이라며 "도대체 미국은 뭘 믿고 그러는 거죠?"라며 따져 물었죠. 그러자 한 관료가 "제재를 강화하면 북한이 양보할 수밖에 없죠"라고 답하더군요.

저는 이렇게 반박했어요. "무고한 사람들에게까지 피해를 주는 경제제재는 일종의 고문입니다. 그런데 당하는 쪽은 고문의 사유가 부당하다고 느낄수록 굴복하기보다는 끝까지 저항하는 경우를 종종 볼 수 있어요. 북한도 이에 해당될 수 있습니다. 북한이 제재를 당하는 이유는 만들지 말라는 핵무기를 만들어서 그렇다지만, 정작 고문을 결정하고 실행하는 나라들은 핵보유국이잖아요."

그러자 미국 관료는 "어떻게 합법적인 핵보유국들과 불법적인 북한을 비교할 수 있나요"라며 얼굴을 붉히더군요. 저는 이렇게 반문했죠. "그 법을 만든 나라들은 어떤 나라들이죠?

그리고 북한 이외에도 불법적인 핵보유국들이 있는데, 그 나라들은 제재를 받고 있나요?"

국제사회에서 인정받는 합법적인 핵보유국은 미국, 영국, 프랑스, 중국, 러시아 이렇게 5개국입니다. 또 북한 말고도 불법적인 핵보유국들이 있어요. 이스라엘, 인도, 파키스탄이 그렇죠. 그런데 북한은 강력한 제재를 받는 반면에, 이들 세 나라는 제재는 고사하고 미국의 지원을 받고 있어요. 어떤 차이가 있길래 그럴까요? 제 생각으론 미국과 친분 여부입니다. 미국과 친하면 봐주고, 사이가 나쁘면 응징하는 거죠. 역지사지한다면 북한이 부당하다고 느낄 법하지 않나요? 그리고 경제제재가 효과를 보지 못하는 가장 큰 이유도 여기에 있는 것은 아닐까요?

제 말은 경제제재를 절대로 해서는 안 되고, 무조건 풀어야 한다는 취지는 아니에요. 흔히 대북 제재에 찬성하면 북핵에 반대하는 것이고, 제재를 풀자고 하면 북핵을 용인하는 것으로 간주되곤 해요. 하지만 이런 식의 이분법은 근거가 없습니다. 저처럼 대북 제재를 풀어야 한다고 주장하는 사람들은 북한의 핵 포기 수준에 맞춰 제재도 단계적으로 해제하는 것이 문제를 해결하는 길이라고 생각해요. 그렇지 않고 제재만 강화하면 역효과가 생긴다고 보는 것이죠.

안보 문제에도 새로운 접근이 필요합니다. 안보는 상대가 있는 게임이기 때문이죠. '내가 갖고 있는 핵무기로 전쟁을 막을 수 있다'고 믿는다면, 상대의 핵무장을 비판하고 핵 포기를 설득하기는 어려워지겠죠. 그래서 '상대의 핵무기에 내가 위협을 느끼듯이 나의 핵무기도 상대방에게 위협이 된다'는 상식을 인정할 필요가 있습니다. 이러한 태도는 북한과 미국 모두가 가져야 하고요.

북핵 문제는 꼭 풀어야 합니다. 하지만 북핵 문제'만' 푸는 건 불가능해요. 북한에 대한 미국의 핵 위협도 함께 해소되어야 해요. 비핵화 단계에 걸맞게 대북 경제제재도 해제되어야죠. 또 '전쟁도 아니고 평화도 아닌 정전 상태'를 종식하는 것, 수교를 통해 북한과 미국의 관계를 정상화하는 것, 남북 관계를 화해·협력과 평화·공존으로 발전시키는 것 등이 어우러질 때 북핵 문제는 비로소 해결될 수 있어요.

물론 지금까지 이렇게 해도 소용없지 않았냐고 반문하는 사람도 있습니다. 하지만 현재까지 이런 시도는 한번도 없었다고 해도 과언이 아니에요. 예를 들어 비핵화와 평화체제 협상을 같이하자고 합의한 적이 여러 차례 있었어요. 하지만 비핵화 협상은 종종 있었지만, 평화협정 협상은 제대로 시작조차 된 적이 없었답니다.

힘이 있어야

평화를 지킬 수 있죠?

'힘이 있어야 평화를 지킨다.' 상식이죠? 실제로 많은 나라들이 '힘에 의한 평화'를 추구하고 있어요. 군사력을 키워 다른 나라의 침략이나 무력 사용을 막고, 이것이 실패해 전쟁이 벌어지면 승리를 추구하지요. 스스로의 군사력만으로는 부족할 때는 다른 나라와 동맹을 맺어 공동으로 대응하기도 하고요.

그런데 여기에는 곰곰이 생각해볼 구석이 많습니다.

우선 안보는 상대가 있는 게임이에요. 그래서 한쪽에서 군사력을 강화하면 상대도 맞불을 놓는 경우가 많죠. 이렇게 되면 서로의 군사력 증강이 긴장을 불러일으키며 오히려 안보가 불안해지는 상황이 올 수 있어요. 이걸 '안보 딜레마'라고 부른답니다.

또 무기를 사서 운영하는 데는 큰돈이 들어갑니다. 군사력을 유지, 강화하는 데 막대한 예산을 쓰는 만큼 교육이나 복지에 들어갈 예산이 줄어들겠죠.

우리나라의 군사력은?

남북한이 전쟁을 하면 누가 이길까? 일본하고 전쟁하면 우리
가 이길 수 있을까? 많은 청소년들이 궁금해하는 질문이죠.
'평화 만들기'를 직업으로 삼고 있는 제가 누가 이길 것이라고
말하는 건 적절치 않지만, 우리나라 군사력은 이미 상당한 수
준에 올라섰어요.

이건 세계 군사력 순위와 국방비 지출 통계를 봐도 알 수

있어요. 2017년 한국의 군사력은 세계 12위로 평가되었어요. 2020년과 2021년에는 세계 6위에 올랐죠. 유엔 회원국이 200개가 넘는 걸 고려하면, 우리나라가 굉장한 군사력을 보유하고 있다는 걸 알 수 있어요.

국방비 지출도 2021년 기준으로 53조 원에 달하는데요. 이는 세계 8~9위에 해당해요. 이게 어느 정도 수준일까요? 북한의 국내총생산 규모가 한 해 40조 원 정도 됩니다. 한국이 북한의 국내총생산보다 훨씬 많은 돈을 국방비로 쓰고 있다는 것을 알 수 있죠. 또 우리나라 국방비는 20년 전에는 일본의 3분의 1, 10년 전에는 절반 수준이었어요. 그런데 2021년 양국의 국방비는 거의 비슷해요. 일본은 국방비를 조금씩 올린 반면, 우리나라는 많이 올리면서 나타난 결과입니다.

그런데도 2021년 국방부가 발간한 《국방백서》에 따르면, 한국의 군사력은 양적으로는 여전히 북한보다 열세인 것으로 나타납니다. 상비 병력 수는 55만 명 대 128만 명이고요. 주요 지상 전력인 전차(탱크)는 2130대 대 4300대, 야포는 6000문 대 8800문, 다연장로켓·방사포는 270문 대 5500문 정도의 차이가 난다는 것이죠. 해군력을 보면 전투함은 100척 대 430척, 상륙함정은 10여 척 대 250여 척, 잠수함은 10여 척과 70여 척이라고 합니다. 공군 전력에서는 전투임무기는 410대 대 810대, 공중기동기는 50대 대 350대라고 하고요. 어때요? 수치로 보면 북한이 월등히 강해보이죠.

그러나 국방부의 이런 발표는 여러 가지 의문을 낳고 있어요. 우선 북한의 상비 병력 수가 128만에 달한다는 추정부터 말이 안 된다는 지적이 나오고 있어요. 북한이 정확한 군사력을 공개하지 않고 있기에 정확한 수치는 알 수 없습니다. 다만 북한의 전체 인구가 남한의 절반 정도이고, 청년 인구 역시 감소 추세에 있습니다. 이러한 점과 유엔의 인구 통계 자료를 근거로 일부 전문가들은 북한의 상비 병력 수를 70만 명 안팎으로 추정하고 있어요.

또 국방부의 발표로는 남북한 군사력의 질적인 차이를 확인할 수 없습니다. 사실 북한군의 무기와 장비 가운데 상당량은 너무 낡아서 제대로 작동조차 하기 힘든 상태랍니다. 연료 등 자원이 부족해 제대로 훈련도 못하고 있고요. 반면 남한의 무기와 장비는 대부분 최신 첨단 기종이에요. 훈련도 수시로 하고 있고요. 그래서 미국의 군사력 평가 기관은 2021년에 한국의 군사력을 세계 6위, 북한의 군사력은 세계 28위로 평가한 바 있어요.

북한이 핵무기와 미사일에 집착하는 이유도 이러한 격차에서 찾을 수 있어요. 한미 동맹은 말할 것도 없고 남한과의 군사력 격차도 날로 벌어지고 있으니 강력한 파괴력을 갖춘 핵무기와 이를 신속하게 실어 나르는 미사일을 만들어 대응하겠다는 것이죠. 그러나 이러면 한미 동맹은 또 다시 연합훈련을 실시하고 군사력 증강에 나서게 되죠. 당연히 북한이 다시 반발할 테고요. 안보 딜레마에 빠지는 거죠.

우리 정부가 공개하지 않아서 모르는 국민들이 많습니다만, 우리나라의 미사일 전력도 상당한 수준이에요. 국방부조차도 남한의 단거리 탄도미사일이 북한보다 수적으로나 양적으로 우세하다고 말할 정도니까요. 핵탄두는 장착하지 않았지만, 파괴력도 상당하고요.

이런 식으로 남북 양측이 군사력 증강을 계속하면 소중한 자원은 낭비되고 안보 딜레마는 심해지겠죠. 이러한 악순환을 끊고자 남북의 정상들이 2018년에 합의한 것이 바로 '단계적 군축'이에요. 그런데 이 합의와 달리 우리 정부는 사상 최대 규모의 군사력 증강을 계속해오고 있어요. 북한도 단거리 미사일 등 새로운 무기 개발 및 시험에 나서고 있고요. 2019년 이후 남북 관계가 악화된 데는 이런 군사력 경쟁이 중요한 역할을 했다고 볼 수 있어요.

국방비를 줄여도 군사력은 강해진다

저는 우리나라의 국방비가 너무 많다고 생각해요. 2021년 기준으로 국내총생산의 2.8퍼센트 정도 되는 금액인데요. 이는 선진국들의 모임으로 불리는 경제협력개발기구 평균의 2배에 가까워요. 일본이 국내총생산 대비 0.93퍼센트, 중국이 1.8퍼센트인 것과 비교해도 우리나라의 국방비 지출이 크다는 걸 알 수 있죠. 저는 국방비 지출 규모를 점차 줄여야 한다고 생각해요. 이렇게 절약한 예산을 민생, 교육, 보건의료, 환경 등 우리의 일상과 직결된 분야에 사용하는 거죠. 또 현재의 징병제를 모병제*로 전환해 상비 병력을 30만 명 정도로 줄여야 한다고 봐요.

★ 모병제는 징병제처럼 병역 의무를 강제로 부과하는 게 아니라 지원자들로 군대를 꾸려 국방을 담당하게 하는 제도예요.

이렇게 주장하면 두 가지 반론이 따라올 거예요. 하나는 '북핵 위협에 어떻게 대처할 것이냐', 다른 하나는 '일본과 중국 등 주변국 위협에는 어떻게 대처할 것이냐'죠. 하지만 저는 이미 우리나라가 북한의 남침을 막아낼 힘을 갖고 있고, 주변국들의 위협에도 적절하게 대비할 능력을 갖고 있다고 봐요.

우리나라가 재래식 무기로 북한의 핵 위협을 막는 게 가능할까요? 많은 어른들도 이렇게 반문합니다. '핵무기는 핵무기로밖에 대응할 수 없다'는 것이죠. 그런데 생각해볼 문제들이 있어요. 우선 '재래식 무기'라는 표현은 낡고 약하다는 뉘앙스를 풍기죠. 그래서 이들 무기로는 핵무기를 상대할 수 없다는 편견을 만들죠. 하지만 무시무시한 파괴력을 가진 최첨단 재래식 무기는 수두룩합니다. 우리나라도 이미 이런 무기들로 무장하고 있고요.

더 중요한 문제도 있어요. 억제('억지'라고도 하죠. 영어로는 deterrence로 표현합니다)에 관한 것이에요. 억제는 '상대에게 무력 공격을 통해 얻고자 하는 이익보다 손실이 더 클 것이라는 점을 깨닫게 함으로써 우리를 공격하지 못하게 하는 것'으로 정의할 수 있어요. 그런데 북한이 한국을 무력, 특히 핵무기로 공격하면 어떤 일이 벌어질까요? 한미 동맹이 가공할 보복을 가할 것이고, 북한은 엄청난 피해를 입게 되겠죠. 북한도 이러한 점을 잘 알고 있습니다. 따라서 우리는 북한을 충분히 억제하고 있는 것이죠.

한반도 평화의 관점에서도 군사력의 과도한 우위를 추구하는 것은 별 도움이 되지 않아요. 한반도 평화의 최대 걸림돌인 북핵 문제를 봐도 그래요. 북한이 전쟁 억제력의 핵심으로 삼고 있는 것이 핵무기입니다. 그런데 남한이 동맹국인 미국과 함께 계속 군사력을 키우면 어떻게 될까요? 북한 역시 핵무장에 더욱 매달릴 가능성이 높겠죠. 그래서 우리는 충분한 억제력을 유지하면서도, 이것이 비핵화를 포함한 한반도 평화 만들기에 역효과를 내지 않도록 유의해야 합니다.

주변국들 위협 문제도 차분하게 생각할 필요가 있어요. 우리가 역사에 대한 과도한 피해의식에 휩싸여 달라진 현실을 제대로 보지 못하고, 주변국들의 군사력을 '위협'으로 쉽게 단정하는 것은 아닌지 반문해봤으면 해요. 또 경제력 세계 9위, 군사력 세계 6위에 올라선 한국이 여전히 '약소국 콤플렉스'에 갇혀 있는 건 아닌지도 생각해보면 좋겠고요.

이러한 성찰은 우리 자신을 위해서도 필요합니다. '망진자(亡秦者)는 호야(胡也)'라는 옛이야기가 있어요. 진시황이 진나라를 망하게 할 자는 '호(오랑캐)'라는 예언을 듣고 변방을 방어하기 위해 만리장성을 쌓았지만, 진나라를 망하게 한 것은 오랑캐가 아니라 그의 아들이자 2대 황제인 '호해'였다는 데서 나온 말이에요. 이 이야기는 외부의 위협에만 신경 쓰다가 정작 내부의 중요한 문제를 방치하면 망국의 길에 접어든다는 교훈을 줍니다. 물론 우리나라가 이 정도는 아니에요. 하지만 민생·교육·복지 등 우리 삶의 질을 위한 예산은 늘 부족한데, 국방비는 계속 치솟고 있는 현실은 곰곰이 따져볼 필요가 있겠죠.

앞서 소개한 5성 장군 출신의 아이젠하워 미국 대통령은 한국전쟁을 거치면서 미국 국방비가 폭등하자 이렇게 말했습니다. "만들어진 모든 총과 진수된 모든 전함, 그리고 발사된 모든 로켓은 궁극적으로 굶주려도 먹지 못하고 헐벗어도 입지 못한 사람들로부터 빼앗은 것입니다." 국가안보를 이유로 지나치게 많은 국방비를 쓰면 정작 국민들의 삶이 어려워진다는 따끔한 지적이에요.

그렇다고 우리나라의 무장해제나 대대적인 군사력 감축을 주장하는 것은 아닙니다. 상식적인 범위 안에서 국방비를 줄이자는 것인데요. 가령 현재 국내총생산 대비 2.8퍼센트인 국방비를 조금씩 줄여 10년 후에는 국내총생산 대비 2.0퍼센트 정도로 맞추는 문제를 논의해보면 어떨까 하는 거예요. 국내총생산 대비 국방비를 매년 0.1퍼센트씩 낮추는 셈이죠. 이렇게 하면 10년 동안 200조 원 안팎의 예산을 절감하게 됩니다. 이 예산을 국민, 특히 청소년과 청년을 위해 쓰는 것을 상상해보자는 거죠.

주목할 점은 이렇게 해도 필요한 만큼의 군사력은 계속 강화시킬 수 있다는 것입니다. 무슨 말이냐고요? 우리가 쓰는 '군비'라는 말은 두 종류가 있어요. 군비(軍費)는 '군사상의 목적에 사용되는 모든 경비', 즉 국방비를 의미해요. 또 하나의 군비(軍備)는 '육·해·공군의 병력, 무기, 장비, 시설 등을 총칭하는 것'으로 군사력을 의미합니다. 아울러 군사력을 평가하는 데는, 일시적인 국방비의 증감보다는 지금까지 국방비를 얼마나 많이 써왔는지를 살펴보는 게 훨씬 중요해요

이러한 군비의 특성을 이해하면 우리가 국방비를 조금씩 줄여도 적정 군사력은 계속 만들 수 있다는 점을 알게 됩니다. 무기의 수명은 대개 30년 정도로 보는데요. 1992년부터 2021년까지 30년간 우리나라가 국방비로 쓴 돈이 750조 원 정도 됩니다. 이미 막대한 투자를 한 셈이죠. 또 2021년 기준으로 53조 원 정도 되는 국방비를 앞으로는 매년 50조 원 정도로 책정해도 군사력에 필요한 예산을 상당 부분 확보할 수 있어요. 병력유지비를 제외하고 쓸 수 있는 방위력 개선비와 전력 운영비를 합치면 약 30조 원이 되니까요. 결국 국방비를 조금씩 줄여도 군사력이 약해질 것이라는 걱정은 하지 않아도 되는 셈이죠.

미국과 중국은 우리에게

어떤 존재인가요?

7

거꾸로 여러분에게 질문을 해볼게요. 우리 주변국들인
미국, 중국, 러시아, 일본 가운데 한반도의 통일을 가장 원하고 있는
나라는 어디일까요? 반대로 가장 통일을 원하지 않는 나라는요?
저는 답을 모르겠어요. 한반도를 둘러싼 주변국들의 이해관계가
변화무쌍하기 때문이에요. 한반도 통일이 자신의 이익과
일치한다면 지지할 것이고, 그렇지 않다고 여기면 방해할 가능성이
높다고 할 수 있겠죠.

또 여러분이 커가면서 가장 많이 접하게 되는 질문 중 하나가 '우리는 미국과 중국 가운데 어떤 나라를 파트너로 선택해야 할까?' 일 거예요. 미국이 강하니 미국을 따라가야 한다고 주장하는 사람도 있고, 결국 중국이 미국을 추월할 테니 중국 쪽으로 기울어야 한다고 생각하는 사람도 있겠죠. 현재까지는 우리의 유일한 동맹국이자, 시장경제와 자유민주주의라는 가치를 공유해온 미국과의 관계를 중시해야 한다는 주장이 강합니다. 여러분은 어떻게 생각하세요?

샌드위치 코리아?

미국은 우리나라의 유일한 동맹국이자 안보를 약속한 나라예
요. 동시에 태평양 너머에 있는 국가이고요. 중국은 우리의 최
대 무역 상대국이자 가장 가까이 있는 강대국입니다. 이러한
미국과 중국이 사이좋게 지내면 좋을 텐데요. 안타깝게도 갈
수록 경쟁과 갈등이 심해지고 있어요. 이렇다보니 우리의 처
지를 두고 '고래 싸움에 새우 등 터진다'거나 '샌드위치 신세'
라거나 하는 표현이 유행하죠.

또 미국은 휴전선 건너에 있는 북한과는 적대국이고, 우리와 동해를 마주하고 있는 일본과는 동맹국이에요. 반면 중국은 북한과 동맹국이면서, 거대한 국경선을 맞대고 있는 러시아와도 친하죠. 이게 냉전의 기본 구도입니다. 한·미·일을 한편으로 하고 북·중·소(러)를 다른 한편으로 하는 대립이죠. 미

국과 소련의 냉전이 끝난 이후에도 이러한 갈등 구조는 여전히 남아 있습니다. 최근 들어서는 '미국 신냉전'이나 '동아시아 신냉전'이라는 표현이 나올 정도로 더욱 심해지고 있고요. 남북 관계 발전과 한반도 평화통일은 이러한 지정학적 구조를 타파하기 위한 위대한 도전입니다.

어떤가요? 머리가 복잡해지지요. 저도 그렇답니다. 하지만 우리의 처지를 부정적이거나 비관적으로만 볼 필요는 없어요. 오히려 기회의 측면도 있으니까요. 이를 일찍이 간파한 지도자가 김대중 대통령이었어요. 그는 "우리나라는 도랑에 든 소가 양쪽 둔덕의 풀을 뜯어 먹는 것과 같은 외교를 해야 한다"고 말했지요. 또 우리나라가 '영리한 돌고래'가 되도록 노력해야 한다고 말하는 사람도 있어요. '고래 싸움에 등 터지는 새우'가 아니라 큰 고래들을 춤추게 할 수 있는 돌고래가 되어야 한다는 거죠. 일리 있는 말이에요. 이제 우리나라의 국력이 큰 고래는 아니더라도 돌고래쯤은 되니까요.

많은 역사가들이 21세기 세계사의 최대 사건으로 꼽는 일이 있어요. 20세기 전반기까지만 하더라도 '아시아의 환자'로 불렸던 중국이 미국과 자웅을 겨룰 만큼 성장한 것이죠. 아마도 여러분이 20대가 될 무렵이면 중국이 미국의 경제력을 추월하는 광경을 볼 수 있을 겁니다. 2030년을 전후해 중국의 국내총생산이 미국을 넘어설 것이 확실하기 때문이에요. 그때가 되면 미국은 무려 120년 만에 경제력 세계 1위 자리를 내려놓게 되겠죠. 나아가 중국은 신중국 건설 100주년이 되는 2049년에는 종합적인 국력에서도 미국을 넘어서겠다는 포부를 세우고 있습니다. 당연히 미국은 이를 저지하는 게 목표고요.

이처럼 미중 간 경쟁이 치열해지면서, 시장경제와 자유민주주의를 공유하는 나라들이 힘을 합쳐 중국의 부상에 대응해야 한다는 주장도 힘을 얻고 있습니다. 실제로 미국, 영국, 유럽연합, 일본, 호주, 인도 등을 중심으로 이런 움직임이 나타나고 있어요. 한국도 여기에 동참해야 한다는 주장도 있고요. 중국이 인권 탄압과 함께 비민주적 행태를 보이는 경우도 많고, 그런 중국이 강해지면 한국을 상대로도 힘자랑을 하려 들 가능성도 충분하죠. 그래서 이런 주장은 설득력을 갖기 쉽습니다. 하지만 이를 당연시하는 것도 곤란합니다.

사실 요즘 제가 제일 걱정하는 게 있어요. 제 아이들을 포함해 미래 세대에게 중대한 영향을 미칠 수 있는 일이에요. 뭐냐고요? 미국과 중국의 무력 충돌에 우리나라가 휘말리는 상황이죠. 남한은 중국과 가장 가까운 미국의 동맹국이고 북한은 중국의 유일한 동맹국입니다. 이에 따라 미중 간에 충돌이 발생하면 남북한이 몽유병자처럼 동맹의 사슬에 엮여 전쟁으로 빨려들어갈 수 있습니다.

우리나라에는 주한미군이 있지요. 북한의 남침을 막기 위해 존재합니다. 그런데 미국은 주한미군이 다른 일도 했으면 한답니다. 21세기 초에 미국이 이라크를 침공하면서 주한미군 일부도 투입한 게 그런 일들이죠. 그런데 미국은 한발 더 나아가려고 합니다. 중국과 무력 충돌이 발생할 때 주한미군도 동원하기를 바라는 거죠. 이런 일이 벌어지면 실제로 우리는 어떻게 될까요?

당연한 말이지만 주한미군은 우리나라 영토에 있어요. 그래서 주한미군이 중국을 상대로 출동하게 되면 우리는 미국에게 기지를 제공하는 셈이 되죠. 우리 의사와 무관하게 중국에

게는 군사적 적대 행위를 하는 셈이 되고요. 그러면 중국이 가만히 있지 않겠죠. 외교적 경고와 경제제재를 가할 것이고, 이게 먹혀들지 않으면 심지어 주한미군 기지를 공격할 수도 있습니다. 중국의 유일한 동맹국인 북한이 어떻게 나올지도 알 수 없고요.

이러한 문제는 주한미군 기지에만 해당되는 것도 아닙니다. 미국은 중국과의 무력 충돌이 벌어지면 경상북도 성주군에 있는 미사일 방어 기지인 사드(THAAD)도 이용하려고 들 수 있고, 제주 강정마을에 있는 해군기지에 항공모함을 보내려고 할 수도 있어요. 만약 우리나라가 이를 허용해주면 한중 관계는 심각한 갈등을 겪겠죠. 거꾸로 미국의 요구를 들어주지 않으면 한미 동맹이 크게 삐걱거릴 거고요.

비현실적 시나리오가 아니냐는 비판을 들을 수도 있어요. 저도 기우이기를 바랍니다. 하지만 흘러가는 상황은 좋지 않아요. 한반도가 아니더라도 미국과 중국이 날카롭게 대립하는 곳은 세 군데가 있어요. 남중국해, 대만 해협, 동중국해가 바로 그곳들이죠. 특히 동중국해와 대만 해협은 우리나라와 가깝고

대만 해협은 '동아시아의 화약고'로 불
릴 정도로 긴장의 파고가 높아지고 있
어요.

그런데 미국은 '하나의 중국'* 원칙
을 인정하면서도, 중국이 대만을 공격
할 경우에는 대만 보호에 나서겠다는
입장입니다. 중국과의 통일을 원하지 않는, 심지어 독립을 원
하는 대만 사람들도 늘어나고 있고요. 충돌은 이럴 때 벌어지
곤 합니다. 대만이 미국의 지원을 믿고 독립을 선언하거나, 사
실상의 독립 국가로 행동하면 중국은 무력을 사용할 가능성이
높습니다. 그러면 미국이 개입하려고 들겠죠. 한국과 일본에
지원을 요청하면서요.

동중국해에는 중국과 일본이 영유권 분쟁을 벌여온 섬들이
있습니다. 일본에서는 센카쿠 열도, 중국에서는 댜오위다오로
부르는 곳인데요. 미국은 이곳을 일본의 영토로 간주하면서
미일 동맹의 효력이 적용되는 지역으로 보고 있죠. 이 말은 그
곳에서 중일 간에 무력 충돌이 발생하면 미국이 개입하겠다는

★ '중국 대륙과
대만·홍콩·마카오는
하나이며 합법적 중국
정부 역시 하나'라는
주장이자 원칙이에요.
중국(중화인민공화국)과
대만(중화민국)이 모두 이에
동의하면서도 각자 자국
정부를 합법적인 중국
정부라고 내세우고 있어요.

뜻이에요. 동맹국인 미국이 여기에 개입하면 우리의 입장도 매우 난처해질 수 있겠지요.

한국 외교의 방향은?

미중 무력 분쟁에 우리가 휘말리는 건 물론 최악의 시나리오예요. 그렇다고 그 가능성을 배제할 순 없어요. 따라서 우리 외교의 목표와 방향은 그러한 상황을 방지하는 데 있겠죠. 특히 미국-중국-대만 사이의 아슬아슬한 삼각관계를 '강 건너 불'로 볼 것이 아니라 우리의 문제로 보고 평화적인 해결 방안을 찾아야 한다고 생각해요.

미국을 상대로는 '하나의 중국' 원칙을 훼손하는 언행을 자제할 것을 촉구할 필요가 있어요. '하나의 중국'은 미국도 인정한 미중 관계의 초석이라는 점을 강조하면서 말이죠. 특히나 중국을 상대로는 오판해서는 안 된다는 점을 설득할 필요가 있고요. 만약 중국이 무력 통일을 시도하면, 대만의 강력한 저항뿐만 아니라 미국 및 일부 동맹국들의 개입으로 3차 세계대전으로 번질 가능성도 배제할 수 없기 때문이에요.

무엇보다도 우리는 미중 간 무력 충돌이 발생하면 철저하게 중립을 지키겠다는 원칙을 세워야 한다고 생각해요. 이렇게 하면 미국이 서운해하고 또 한미 동맹에도 문제가 생기겠죠. 하지만 저는 동맹은 '목적'이 아니라 '수단'이라고 생각해요. 우리의 안전과 이익을 위해 존재해야 할 한미 동맹이 오히려 우리의 생존과 번영을 위협하는 결과를 초래할 수 있다면? 어떤 선택을 하든 동맹의 득실관계에 대한 냉철한 평가가 필요하다고 보는 거죠.

여기까지는 제 생각이고요. 여러분은 어떻게 보세요? 여러분의 미래에 커다란 영향을 줄 수 있는 문제인 만큼, 곰곰이 생각해보고 토론해보면 좋겠습니다.

미중 관계는 남북 관계를 포함한 한반도 문제에도 큰 영향을 미칩니다. 미국은 남한과, 중국은 북한과 동맹을 맺고 있기에 더욱 그렇죠. 그런데 미중 사이에 경쟁이 격화되고 갈등이 커지면서 한반도 문제에 미칠 부정적인 영향에 대한 우려도 커지고 있어요. 미국과 중국이 서로를 경쟁자로 보면서, 한반도 문제까지 그러한 틀에서 바라보는 경향이 강해지고 있거든요. 그렇잖아도 남북 관계 발전과 한반도 평화 정착은 지난한 과제인데, 여기에 미중 경쟁이라는 거대한 구조적 제약까지 강해지고 있는 셈이죠.

하지만 저는 한반도 문제가 해결되지 않는 이유를 미국과 중국의 경쟁 탓으로 돌리려는 '알리바이성 인식'을 경계해야 한다고 생각해요. 미중 관계가 우리에게 커다란 영향을 미치는 것은 틀림없지만, 우리가 순응해야 할 법칙은 아니거든요. 오히려 한반도 문제 해결을 위해 미국과 중국의 협력을 도모하고, 이게 여의치 않으면 한반도 문제와 미중 관계를 분리해서 접근하려는 노력이 필요합니다. 실제로 미국과 중국은 다양한 분야에서 경쟁하고 갈등하고 있지만, 한반도 비핵화와 안정 유지라는 원칙은 공유하고 있어요. 이걸 최대한 살리는 게 중요하겠죠.

그럼 어떻게 하면 될까요? 미국과 중국을 포함한 대화의 틀을 만들어내는 것이 중요합니다. 두 가지를 생각해볼 수 있어요. 하나는 앞에서 소개한 6자 회담이에요. 2003년부터 시작된 이 회담에는 남북한과 미국, 중국, 러시아, 일본이 참여했죠. 목표는 북핵 문제를 포함한 한반도 문제의 평화적 해결, 그리고 동북아시아에 평화체제를 만들어내는 것이었어요. 하지만 2008년 12월에 중단된 6자 회담은 2021년 10월 현재까지 열리지 않고 있어요. 저는 우리나라가 나서서 6자 회담을 재개하자고 제안하길 바랍니다. 이를 통해 한반도 문제 해결을 모색하면서 동북아 평화체제 마련까지 주도했으면 좋겠어요.

또 하나는 정전협정을 평화협정으로 전환하기 위한 4자 회담입니다. 여기서 '4자'는 남·북·미·중을 가리켜요. 왜 남·북·미·중이냐고요? 이들 네 나라가 한국전쟁의 핵심적인 교전국들이기 때문이죠. 주요 당사자들이 모여 정전 상태를 공고한 평화 상태로 전환하자고 합의하고 실천하는 게 중요합니다. 그것이 곧 평화협정이죠.

여기서 잠깐 흥미로운 사실을 소개할게요. 아, 그전에 먼저 퀴즈를 하나 내죠. 한국전쟁의 정전협정에 서명한 주체는 누구누구일까요?

《퀴즈 갑니다》

한국전쟁의 정전협정에
서명한 주체들은
누구일까요?

답은 유엔사령부(유엔사)와 북한 및 중국입니다. 한국은 왜
빠졌을까요? 2장에서 설명한 것처럼 이승만 정부가 정전협정
을 반대하는 바람에 그렇게 된 거예요. 또 미국이 아니라 유엔
사가 들어간 것도 눈에 띕니다. 이는 미국이 16개국이 참여한
유엔사를 지휘하고 있었기 때문에 유엔사 이름으로 정전협정
에 서명한 것이랍니다.

그런데 남북한이 유엔에 동시 가입하면서 어색한 일이 벌
어집니다. 북한도 유엔 회원국이 되었는데, 유엔사령부와 정

전 상태에 있다는 게 이상하죠? 그래서 유엔사의 지위 문제가 불거졌어요. 유엔사가 유엔의 기구가 맞느냐는 문의가 있었던 거죠. 이에 대해 유엔 사무국은 유엔사는 유엔이 아니라 미국의 기구라는 입장을 밝혔어요. 유엔사의 운영 주체도 미국이고, 존속 여부를 결정할 주체도 미국이라는 것이죠.

2005년 4월 제가 몸담고 있는 '평화네트워크'에서 주한미국대사를 초청해 토론회를 가졌을 때 일이에요. 제가 대사한테 질문했어요. "미국은 북핵 문제가 해결되면 평화협정을 체결할 의사가 있다고 밝혔는데, 누가 서명하나요? 유엔사령관이 하나요, 아니면 미국 정부를 대표하는 사람이 하나요?" 잠시 고민하던 대사는 "그건 미국 정부의 법률적 검토가 필요한 사안"이라고 답했어요. 속으로 이런 생각이 들었죠. '아니, 정전협정이 체결된 지 52년이 지났는데, 가장 기본적인 입장도 정리가 안 되었구나. 미국이 평화협정에 관심이 별로 없구나….'

한 달 후 제가 미국 국무부 청사에 갔을 때, 이번엔 6자 회담의 미국 수석대표로 자리를 옮긴 그분에게 다시 물었어요.

"입장이 정리되었나요?" 그분의 답변은 이랬어요. "미국 정부를 대표하는 사람이 서명하는 것으로 정리되었습니다." 저는 그분의 동의를 받아 이 내용을 공개했어요. 매우 중요하다고 생각했거든요. 평화협정이 체결되면 유엔사는 해체될 겁니다. 해체될 유엔사가 평화협정에 서명하면 이 협정을 준수할 당사자 하나가 사라지는 어색한 상황이 연출되겠죠. 그래서 평화협정 체결 당사자는 유엔사가 아니라 미국이 되는 것이 마땅합니다.

다시, 제가 6자 회담과 4자 회담을 말씀드린 이유로 돌아가 볼까요? 이 회담에 모두 참여하는 나라들이 남·북·미·중입니다. 그래서 이 회담들은 '한미 동맹 대 북중 동맹'이라는 군사적 갈등을 완화하고 해결할 수 있는 가능성을 품고 있어요. 또 6자 회담에는 러시아와 일본도 참가합니다. 이 역시 '한·미·일 대 북·중·러'라는 동북아의 신냉전 기운을 누그러뜨리는 데 도움이 될 수 있어요. 분단과 전쟁, 그리고 적대적 대결을 겪어온 한반도는 냉전의 최대 피해자 가운데 하나입니다. 그래서 이 냉전이 부활하는 것을 막는 게 우리 외교의 가장 중요한 목표가 되겠지요.

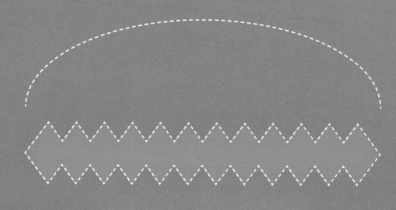

역대 정부의

대북정책이 궁금해요

대한민국 헌법에는 "대통령은 조국의 평화적 통일을 위한 성실한 의무를 진다"라는 조항이 있습니다. 그리고 대통령은 취임 선서에서 이러한 의무를 거듭 다짐하지요. 하지만 통일은 하루아침에 이룰 수 있는 게 아니에요. 또 평화적 통일을 위해서는 북한과의 관계가 매우 중요합니다. 역대 정부들의 대북정책도 이러한 맥락에서 살펴볼 필요가 있겠죠.

지난날의 대북정책

이승만 정부(1948~1960)는 북한을 상대로 인정하지 않으면서 북진 통일을 고집했어요. 심지어 '평화통일'을 주장했다는 이유로 장관과 국회의원까지 지낸 진보당의 조봉암 대표를 사형시키기도 했습니다. 이 사건은 국내의 정치적 경쟁자를 제거하기 위해 대북정책을 악용한 대표적인 사례 가운데 하나였어요.

박정희 정부(1963~1979)는 '선건설 후통일' 노선을 추구했어요. 1961년 박정희가 쿠데타로 권력을 잡았을 때는 북한이 남한보다 더 국력이 강했어요. 또 박정희는 국민들의 지지를 받으려면 경제성장에 몰두해야 한다고도 생각했지요. 그래서 통일을 미루고 경제건설부터 하자고 생각했답니다. 한편 박정희는 1972년에 유신헌법을 제정하며 종신 집권을 시도했는데요. 이 유신헌법에는 "대통령은 조국의 평화적 통일을 위한 성실한 의무를 진다"는 조항이 들어 있어요. 우리나라 헌법에 평화통일을 명시한 것은 이때가 처음이었습니다.

박정희 피살 이후 또다시 쿠데타로 집권한 전두환 정부(1980~1988)는 북한과 통일 방안을 놓고 신경전을 벌였답니다. 북한은 1980년에 〈고려민주연방공화국 창립 방안〉이라는 걸 내놨는데요. 남북이 두 개의 체제를 유지하면서도 '최고민족연방회의'라는 통일 정부를 구성하자는 것이 골자입니다. 이에 전두환 정부는 〈민족화합민주통일 방안〉을 제시했는데요. 먼저 남북의 기본 관계에 관한 협정을 체결하고 나서 통일헌법과 총선거, 그리고 통일 정부 구성을 논의하자는 게 핵심입니다. 하지만 양측의 통일안에는 통일의 전제 조건인 평화를 어떻게 정착할 것인가라는 문제의식이 제대로 담겨 있지 않았어요.

실효성 있는 대북정책이 본격화된 것은 노태우 정부(1988~1993) 때부터입니다. 세계적인 탈냉전의 기운에 힘입어 북방정책을 추진했죠. 북방정책은 과거 적대국이었던 중국·소련과 수교를 맺고, 동시에 남북 간 화해·협력을 모색하겠다는 것이었어요. 이러한 구상은 〈7.7 선언〉과 〈한민족공동체통일방안〉이라는 이름으로 정리되었고, 성과도 있었습니다. 남북한의 유엔 동시 가입, 남북 고위급회담과 〈남북 기본합의서〉 및 〈한반도 비핵화 공동선언〉 등이 바로 그것들이죠. 하지만 노태우 정부는 국내에선 오히려 민간의 통일운동을 탄압하는 모순적인 모습을 보이기도 했습니다.

김영삼 정부(1993~1998)는 북한 문제에서 일관성 없이 상황에 따라 오락가락하는 입장을 취했습니다. 김영삼 대통령은 취임사에서 "어떤 동맹도 민족보다 나을 수 없다"고 말하며 과거와는 다른 대북정책을 예고했죠. 하지만 북한의 핵 개발 문제가 불거지자 "핵을 가진 자와 악수할 수 없다"며 강경책으로 돌아섰죠. 특히 북한이 국제적으로 고립되고 1994년 7월에 김일성이 사망하자 '북한은 오래가지 못할 것'이라며 흡수통일*에 무게를 뒀습니다. 이로 인해 남북 관계도 한동안 매우 악화되었지요.

★ 한쪽 정부 혹은 체제가 붕괴하면서 그 영토와 국민, 주권이 다른 한쪽에 흡수되는 방식의 통일을 말해요. 전쟁을 통하지 않았다는 점에서 무력통일과 다르지만, 양측의 평화적 합의로 새로운 정부가 탄생한 게 아니라는 점에서 평화통일과도 달라요.

대한민국 정부 수립 이후 처음으로 평화적인 정권 교체에 성공한 김대중 정부(1998~2003)는 '햇볕정책'으로 잘 알려진 과감한 대북정책을 추진했어요. 북한의 무력도발을 불용하고, 북한을 흡수통일하지 않을 것이며, 화해·협력부터 추진하겠다는 것을 3대 원칙으로 삼았죠. 또 민간의 참여를 중시했는데, 그 결과로 나온 것이 바로 현대그룹이 주도한 금강산 관광 사업과 개성공단이었습니다. 당시 현대그룹의 정주영 회장이 수백 마리의 소떼를 몰고 방북하던 장면이 새삼 떠오르네요. 2000년 6월에는 분단 이후 처음으로 남북 정상회담이 개최되었습니다. 남북 관계의 새로운 장이 열린 것이죠. 동시에 대북정책을 둘러싼 남남갈등도 극심해지기 시작했어요.

노무현 정부(2003~2008)는 '평화번영정책'이라는 이름으로 김대중 정부의 대북정책을 계승한다는 입장을 견지했습니다. 하지만 북한과 미국이 날카롭게 대립하고, 한반도에 핵위기가 또다시 불어닥치면서 상당한 어려움에 빠져들었죠. 그럼에도 6자 회담과 2007년 2차 남북 정상회담을 통해 한반도 비핵화와 평화정착, 그리고 남북 관계 발전에 힘을 쏟았습니다.

이명박 정부(2008~2013)의 대북정책 명칭은 '비핵개방 3000'과 '상생과 공영의 대북정책'입니다. 비핵개방 3000은 북한이 핵을 포기하고 개방을 선택하면 북한의 1인당 국민소득을 3000달러까지 끌어올려주겠다는 것이었어요. 이러한 정책은 국내외에서 여러 가지 비판을 받았습니다. 북한이 '그림의 떡'을 보고 핵을 포기할 리 만무하다는 것이었죠. 또 상생과 공영을 내세우면서도 공공연히 흡수통일을 언급하는 이중적인 모습을 보이기도 했고요. 설상가상으로 2010년에 천안함 침몰과 연평도 포격 사건까지 발생하면서 남북 관계는 최악의 상태로 접어들게 됩니다.

뒤이어 집권한 박근혜 정부(2013~2017)도 큰 차이는 없었어요. 임기 초에는 '한반도 신뢰 프로세스'를 대북정책으로 내세웠는데, 오히려 '불신 프로세스'로 변질되었다는 평가를 받았죠. 임기 후반에는 '통일 대박론'을 주창했는데, 자원이 풍부하고 임금이 낮은 북한과 경제협력을 하면 한국 경제가 크게 도약할 수 있다는 취지였어요. 그러나 이는 사실상 흡수통일 전략이라는 비판을 받았어요. 남북한의 대표 협력사업인 개성공단의 문을 닫은 것도 이때였습니다.

남북한의 합의는요?

분단 이후 남북이 최초로 통일과 관련해 합의한 것은 1972년 〈7·4 남북공동성명〉입니다. 한국의 중앙정보부(지금의 국가정보원) 이후락 부장과 북한의 박성철 부수상이 평양과 서울을 오가며 남북 대화를 진행했고, 그 결과를 이 성명에 담은 것이죠. 남북은 '자주, 평화, 민족대단결'이라는 3대 원칙에 합의했고 남북 조절위원회도 구성키로 했습니다. 획기적인 내용으로 커다란 반향을 일으킨 성명이지만 한계도 있었어요. 〈7·4 남북공동성명〉은 남북 관계의 발전에 따른 결과라기보다는 당시 화해 분위기를 맞이한 미국과 중국의 압박이 더 크게 작용한 사건이었어요. 또한 남북의 박정희·김일성 정권은 공동성명 발표 이후 제각기 유신체제와 주석제라는 이름으로 영구 집권을 도모하며, 이 소중한 합의를 자신들의 독재 강화의 기반으로 삼고 맙니다.

그다음으로 남북한이 내놓은 중요한 합의는 1991년 체결하고 이듬해 발효된 〈남북 기본합의서〉와 〈한반도 비핵화 공동선언〉이에요. 이 두 합의는 1990년을 전후해 냉전이 종식되고 노태우 정부가 적극적인 북방정책·대북정책을 추진한 것에 힘입은 바가 큽니다. 북한 역시 외교적 고립에서 탈피해 남한, 미국, 일본과 관계 개선을 도모하고 있었고요. 무엇보다도 이들 합의의 핵심 배경에는 한미 정상들의 팀스피릿 훈련 중단 약속이 있었습니다.

〈남북 기본합의서〉는 남북 화해와 불가침, 그리고 교류협력에 대한 구체적인 방안을 담았어요. 서로의 실체를 인정하고 군사적 긴장 완화와 신뢰 구축을 추구하며, 점진적이고 단계적인 통일을 추진키로 한 것이죠. 〈한반도 비핵화 공동선언〉의 핵심은 남북이 핵무기는 물론이고 핵물질 생산에 이용될 수 있는 시설을 갖지 않겠다는 것이에요. 그렇지만 남북 관계의 새로운 장을 열 것으로 기대되었던 이들 합의는 곧 위기에 처하고 맙니다. 앞서 설명했듯 1992년 10월에 한미가 팀스피릿 훈련 재개를 선언하고 이듬해 이를 강행하자, 북한이 이에 반발하면서 핵확산금지조약 탈퇴를 선언해버렸기 때문이죠.

이후 악화 일로였던 남북 관계는 김대중 정부 출범을 계기로 중대한 변화를 맞습니다. 튼튼한 안보를 전제로 하면서도 적극적인 화해·협력과 평화·공존의 정신을 담은 대북포용정책을 본격화한 것이죠. 그 결실이 바로 2000년 〈6·15 남북공동선언〉이고요. 이 선언은 무엇보다 분단 이후 최초로 열린 남북 정상회담에서 합의된 문서라는 의미를 갖습니다. 김대중 대통령과 김정일 국방위원장이 그 주인공들이었죠.

〈6·15 남북공동선언〉에는 통일 방안, 경제협력, 인도적 문제 해결 등이 두루 담겼고, 여러 후속 회담을 통해 이산가족 상봉과 남북 경제협력이 본격화되기도 했습니다. 유엔 총회도 〈6·15 남북공동선언〉을 만장일치로 지지했고요. 또한 남북 관계의 극적인 발전은 북미 관계 개선까지 이끌어내며 2000년에는 북미 간에 특사 교환이 이뤄지기도 했죠. 그러나 2001년 대북 강경 성향의 조지 W. 부시 행정부가 출범하면서 북미 관계는 물론 남북 관계에도 어려운 시기가 닥치게 됩니다.

두 번째 남북 정상회담은 2007년 10월 평양에서 이뤄졌습니다. 주인공은 노무현 대통령과 김정일 국방위원장이었죠. 이 회담의 결과는 〈남북 관계 발전과 평화 번영을 위한 선언 (10·4 선언)〉으로 발표되었어요. 〈6·15 남북공동선언〉을 구체화하면서도 평화 정착을 위한 여러 가지 방안도 담았다는 평가를 받았습니다. 1999년과 2002년 남북 해군끼리 교전이 발생해 '한반도의 화약고'로 불리던 북방한계선 일대를 '서해평화협력특별지대'로 만들자고 합의한 것이 대표적이죠. 당시에는 6자 회담과 북미 대화도 순조롭게 진행되고 있었기에, 다시 한 번 남북 관계 발전과 한반도 평화의 황금기가 도래하는 듯했습니다.

그러나 2008년 2월, 대북 강경 성향의 이명박 정부가 출범하고 6자 회담이 결렬되면서 〈10·4 선언〉의 이행도 지지부진

해졌어요. 그 이후 남북 관계는 '잃어버린 9년'이라는 말이 나올 정도로 차갑게 식어버렸고 별다른 합의도 없었답니다. 이 사이에 강화된 것은 북한의 핵과 미사일 능력뿐이었죠.

세 번째 남북 정상회담은 2018년 4월 판문점에서 성사되었습니다. 문재인 대통령과 김정은 국무위원장의 만남이었죠. 이 회담의 결과로 나온 합의가 〈한반도의 평화와 번영, 통일을 위한 판문점 선언(4·27 판문점 선언)〉입니다. 이 선언에는 남북 관계 개선과 인도적 문제 해결, 군사적 신뢰구축 및 전쟁위험 해소, 비핵화를 포함한 항구적 평화체제 구축 등이 담겼어요. 특히 남북 정상회담 역사상 처음으로 '단계적 군축'을 합의했다는 데 의미가 있습니다. 불과 한 달 뒤에는 문 대통령과 김 위원장이 판문점에서 비공개로 또 한 번의 정상회담을 갖기도 했지요.

그리고 두 정상은 그해 9월 평양에서 다시 만나게 됩니다. 분단 이후 현재까지 남북 정상 간의 만남은 모두 다섯 차례 있었는데, 문 대통령과 김 위원장이 세 번을, 그것도 5개월 사이에 만난 것이죠. 덕분에 남북 정상회담이 일상화·정례화할

수 있다는 기대도 커졌죠. 9월 정상회담의 결과로 나온 것이 〈9·19 평양공동선언〉입니다. 이 선언에서 두 정상은 〈4·27 판문점 선언〉을 구체화하면서도 한반도를 "핵무기와 핵위협 없는 평화의 터전"으로 만들어나가기로 다짐합니다. 또한 부속합의서로 〈9·19 군사 분야 합의서〉를 채택했는데, 이는 이후 남북한의 군사적 긴장 완화와 무력 충돌 방지에 큰 기여를 하게 됩니다.

그러나 2019년 2월 베트남 하노이에서 열린 2차 북미 정상회담이 결렬되면서 상황이 꼬이기 시작했습니다. 이때 김정은 위원장은 큰 기대를 품고 기차에 올라 60시간 넘는 여정 끝에 하노이까지 갔지만 빈손으로 돌아가고 말았지요. 그 여파는 남북 관계에도 미치게 됩니다. 또 북한은 문재인 정부의 첨단 무기 도입 및 한미 연합훈련 실시에 반발하면서, 단거리 미사일 시험발사를 재개하고 남북 대화도 중단해버렸어요. 거칠 것이 없어 보이던 〈4·27 판문점 선언〉과 〈9·19 평양공동선언〉이 위기에 처하고 만 것이죠.

북한은 한반도를
공산화할 수 있나요?

9

이 책을 읽다보면 남북 관계에 특이한 구석이 많다는 걸 알 수 있죠?
분단되어 있고 남북이 서로 인정할 듯 말 듯하면서,
양측 모두 통일을 궁극적인 목표로 삼다보니 벌어지는 일들입니다.
남북이 화해·협력과 평화·공존을 거쳐 점진적으로 통일을 이루면
좋겠지만, 아직까지 통일은 먼 얘기인 것 같아요.
오히려 북한은 세계 최강 미국과 동맹인 한국에 흡수통일 되지
않을까 전전긍긍합니다. 반대로 한국과 미국의 몇몇 사람들은
북한이 공산화 통일에 나서지 않을까 걱정하기도 하고요.
이런 우려는 북한이 핵무기를 갖게 되면서 더 자주 등장하고 있죠.

지구상 많은 나라들은 타국의 침략을 억제하고, 침략해오면
물리치고 응징하는 것을 국가안보의 핵심으로 삼고 있어요.
상대국을 아예 없애버리는 걸 목표로 삼은 경우는 거의 없습니다.
최근에 치러진 전쟁을 봐도 그렇습니다. 미국은 2003년에 이라크를
침공해 사담 후세인 정권을 무너뜨렸지만, 이라크라는 나라는
여전히 존재합니다. 2011년에는 북대서양조약기구(NATO) 일부
국가들이 리비아 내전에 개입해 카다피 정권이 종말을 고했지만,
리비아 역시 여전히 존재합니다. 하지만 남북한은 달라요.
전쟁 억제를 최우선 목표로 삼으면서도, 일단 전쟁이 터지면
무력으로 통일을 달성하겠다는 목표를 갖고 있기 때문이죠.

상상은 자유지만

2021년 현재, 북한은 50개 안팎의 핵무기를 갖고 있다고 합니다. 핵무기를 실어 나르는 미사일도 다양하게 갖추고 있고요. 북한은 앞으로도 핵무기와 미사일을 증강하겠다고 밝히고 있죠. 이를 근거로 한국과 미국의 일부 전문가들은 북한이 핵무기를 앞세워 남한을 무력으로 통일하려고 들 것이라는 끔찍한 시나리오를 내놓고 있어요. 여러분도 언론을 통해 이런 주장을 종종 접하고 있을 거예요.

한국과 미국의 일부 전문가들이 그리는 북한의 한반도 공산화 통일 시나리오는 대략 이렇습니다.

★ 1단계: 북한이 파괴력 낮은 전술핵무기를 동원해 남한에 기습적인 핵무기 공격을 가한다.

★ 2단계: 북한은 대륙간탄도미사일(ICBM)을 이용해 미국의 대도시를 공격하겠다고 위협하면서 미국의 개입을 차단한다.

★ 3단계: 북한은 한국군과 주한미군의 주요 기지에 핵미사일 공격을 가해 한미 연합전력을 무력화시키고 특수부대를 대거 투입해 남한의 주요 시설을 장악한다.

★ 4단계: 지상군을 대거 투입해 한반도 무력 통일을 완성한다.

어떤가요? 제 의견을 이야기하기에 앞서 여러분이 한번쯤 생각해보면 어떨까요? 이 시나리오를 가지고 친구들이나 어른들과 토론해보는 것도 흥미로울 것 같아요. 저는 한마디로 말도 안 된다고 생각해요. 그러면서도 이 내용을 소개한 이유는 이런 이야기가 나돌면서 생기는 해악이 너무 크기 때문이에요. 허튼 망상에 불과한 이런 주장들도 일단 언론을 통해 소개되면 적잖은 사람들이 솔깃하고 동의하는 걸 볼 수 있거든요.

그렇다면 위의 시나리오가 말이 안 되는 이유를 살펴볼까요? 2장에서 다룬 것처럼, 1950년 북한의 남침은 네 가지 커다란 여건이 충족되면서 이뤄졌습니다. 첫째는 미국이 주한미군을 대부분 철수하면서 아시아 방어선에 한국을 포함시키지 않은 것이었어요. 둘째는 북한이 소련과 중국의 승인과 지원을 받은 것이었죠. 셋째는 한국이나 미국이 북한의 남침 준비를 까맣게 모르고 있었다는 거예요. 넷째는 당시 한국군의 전투력이 매우 약했다는 겁니다.

이런 여건의 조성이 오늘날이나 앞으로도 가능할까요? 하나씩 살펴보죠. 현재 우리나라에는 주한미군이 3만 명 가까이 주둔하고 있어요. 미국은 지속적으로 우리나라에 안보 제공을 약속하고 있고요. 어떤 사람들은 북한이 미국 본토에 핵공격 위협을 가하면 미국이 발을 뺄 것이라고 예측해요. 그러나 이는 미국을 몰라도 너무 모르고 하는 주장이에요. 미국은 냉전 시대에 최대 4만 개의 핵무기를 보유한 소련을 상대로도 자기 동맹국들을 위한 핵우산*을 제공한

★ 핵무기를 가지지 않은 국가가 핵공격에 처했을 때, 핵무기를 보유한 동맹국이 대신 보복해준다는 개념이에요. 냉전 시대 너도나도 핵무장에 나서는 걸 막기 위한 미국과 소련의 안보 전략으로 볼 수 있어요.

 6·25남침은 크게 네 가지
여건하에 이뤄졌습니다.

1. 주한 미군 철수

2. 소련·중국의 승인과 지원

승인,
지원

3. 남침 준비를 모르고 있었음

설마...

4. 당시 한국군의 전투력이
매우 약했음

나라입니다.

그런 미국이 북한의 위협에 굴복해 동맹인 한국을 포기할 수 있을까요? 미국의 세계 전략의 핵심에는 동맹이 있고, 동맹은 신뢰에 기초한다는 점을 고려하면 이러한 가정 자체가 비현실적이에요. 오히려 북한이 핵무기를 앞세워 남침을 시도하면 미국은 즉각 보복을 가할 것이라고 보는 게 현실적이죠.

다음으로 중국과 러시아가 북한의 남침을 승인하고 지원할 가능성을 짚어볼까요. 중국과 러시아에 대한 반감을 잠시 접고, 이들 나라의 이익의 관점에서 보면 답은 명확해집니다. 즉 '중국과 러시아가 북한의 남침을 승인하고 지원해서 얻을 게 무엇일까'라고 생각해보면 이 역시 말이 안 된다는 걸 알 수 있습니다. 냉전 시대에 중국과 소련은 우리의 적대국이었습니다. 지금은 우리나라가 이들 나라와 수교를 맺은 지 30년이 흘렀지요. 여기에 중국은 한국의 최대 교역국이고 러시아는 11번째입니다. 한국에는 수십만 명의 중국인이 체류하고 있고 매년 방문객은 수백만에 이릅니다. 러시아인도 적잖게 머무르고 있고요. 따라서 북한이 남한에 핵공격을 가하면 중국과 러시아도 막대한 피해를 입게 되겠죠.

또 중국과 러시아는 유엔 안전보장이사회(안보리) 상임이사
국들이고, 안보리의 가장 큰 책무는 세계평화 유지입니다. 그
래서 이들 나라도 북한이 핵실험을 하거나 탄도미사일을 발사
하면 북한을 규탄하고 제재를 부과하는 데 동참해왔죠. 이런
중국과 러시아가 북한의 핵무기를 앞세운 남침을 승인·지원
하면, 북한은 물론이고 중국과 러시아도 유엔 헌장을 정면으
로 위반하는 것이 됩니다. 또 한미 동맹이 아니더라도 정전협
정 유지의 책임을 맡은 유엔사령부에는 미국을 포함한 16개
국가들이 참여하고 있죠. 이는 중국과 러시아가 북한의 남침
을 지원하면 3차 세계대전까지 각오해야 한다는 뜻이에요. 이
러한 점들을 종합해보면 결론은 자명해요. 만약 북한이 남한
을 침공하면 중국과 러시아가 이를 승인하기는커녕 오히려 대
북 제재에 동참하게 될 것이라는 거죠.

세 번째로 북한의 기습 남침 가능성을 살펴보죠. 북한이 또
다시 전면 남침을 하려면 북한 주민들에게 전시동원령을 내리
고, 군사력을 대거 휴전선 부근으로 이동하며, 다량의 미사일

발사 태세도 갖춰야 하겠죠. 그런데 1950년대와는 달리 오늘날 한국과 미국은 북한의 군사적 움직임을 속속들이 파악하고 있답니다. 북한이 미사일을 시험 발사하자마자 뉴스속보가 전해지는 것도 그 덕분이죠.

흥미로운 사실 하나 알려드릴까요? 최근 들어서는 북한보다 남한에서 시험발사하는 미사일이 더 많답니다. 그런데 북한이 반발하는 경우는 거의 없습니다. 왜일까요? 북한이 모르기 때문이에요. 즉 한국과 미국은 '고성능 망원경'으로 북한군의 움직임을 바로바로 정확하게 파악하고 있다면, 북한은 '안대'를 쓰고 있는 거나 마찬가지라는 거죠. 따라서 북한이 남침 준비에 들어가는 즉시 한미 동맹은 군사적 준비태세를 갖추고 보복이나 선제공격에 나서게 될 겁니다.

마지막으로 우리 군의 능력을 살펴볼까요? 이에 대해서는 6장에서 자세히 다뤘는데요. 몇 가지만 덧붙일게요. 우리나라 사람들은 북한이 한국전쟁 때 소련제 탱크를 앞세워 파죽지세로 남한을 점령한 장면에 익숙하죠. 그런데 이런 일이 또 일어날 수 있을까요? 단언컨대 불가능합니다. 북한이 전차를 앞세워 남침했다가는 우리 군의 전차, 헬기, 전투기, 각종 로켓과 미사일로 초기에 제압당할 거예요. 또 한국전쟁 때와는 달리 정전협정 이후에는 군사분계선을 기준으로 남북 양측에 2킬로미터씩 비무장지대가 설치되어 있다는 차이도 있고요. 아울러 전쟁수행능력에는 경제력과 인구 등도 중요한데요. 남한의 경제력은 북한의 50배, 인구는 2배에 달하죠.

과도한 피해망상은 우리를 병들게 한다

북한이 핵무기를 앞세워 한반도 공산화 통일을 시도할 것이라는 주장은 북한이 오랫동안 '적화통일'을 노동당 규약에 명시해왔다는 점에도 근거를 두고 있어요. 노동당 규약은 우리나라 헌법에 해당하는 북한의 최상위 규범입니다. 북한에도 헌법이 있지만, 국가보다 당이 우위에 있는 체제이기에 노동당 규약을 더 중시하는 거죠.

노동당 규약 서문에는 "조선노동당의 당면 목적"으로 "전국적 범위에서 민족해방민주주의 과업 수행"이 명시되어 있었습니다. 여기서 '민족해방민주주의'가 '남한을 지배하는 미국을 몰아내고 북한식 체제로의 통일'을 의미한다는 게 남한의 입장이었죠. 이를 근거로 북한이 적화통일, 즉 공산화 통일을 추구한다고 해석해온 거고요. 실제로 노동당 규약의 다른 문구에도 "남조선 인민들의 투쟁을 적극 지지·성원"한다거나 노동당 당원의 의무로 "조국통일을 앞당기기 위하여 적극 투쟁하여야 한다"라는 내용이 있었습니다. 남한의 국가보안법에서 북한을 "반국가 단체"로 규정한 것도 이러한 북한의 공산화 통일론에 근거해 있었죠.

그런데 2021년 1월, 북한이 노동당 대회를 열어 규약을 개정했는데요. 위에서 설명한 내용을 대폭 수정하거나 삭제한 게 확인되었답니다. 예를 들어 "민족해방민주주의 과업 수행"을 "사회의 자주적이고 민주적인 발전 실현"으로 바꾸었고, 남한의 혁명을 촉구·지지·지원하겠다는 취지의 문구도 사라졌습니다. 이를 두고 적어도 노동당 규약에서는 북한이 적화통일 노선을 철회한 것이라고 해석하는 사람도 있습니다. 물론 "최종목적은 인민의 이상이 완전히 실현된 공산주의 사회를 건설하는 데 있다"는 구절을 들어 이를 반박하는 사람도 있고요.

노동당 규약을 어떻게 해석하든, 북한이 남한을 자기 뜻대로 통일하고 싶어도 할 수 없다는 점은 분명합니다. 핵무기를 앞세운 무력 통일이 불가능하다는 점은 위에서 설명했죠. 그럼 어떤 방식이 있을까요? 북한이 남한에 내란이나 폭동을 일으켜 정권을 무너뜨리고 공산주의 체제를 세우는 방법이요? 혹은 남북한 주민들이 선거를 해서 통일국가의 체제를 선택하게 하는 방법이요? 오래 고민하지 않아도 불가능하다는 걸 알수 있죠. 이런 방법들이 통하려면 우리나라에 민주주의보다 북한식 체제를 좋아하는 사람이 훨씬 많아야 하는데, 이렇게 될 리가 만무하죠.

사실 북한 지도부는 물론이고 대부분의 북한 주민들도 남한이 훨씬 잘산다는 걸 알고 있어요. 오늘날의 북한 주민들은 굶주림을 비롯한 심각한 경제난을 몸소 경험한 사람들입니다. 사정이 이렇다보니 김정은 정권이 가장 즐겨 쓰는 표현이 '자력갱생'이에요. 스스로의 힘으로 경제난을 이겨내자는 거죠.

정리하자면, 북한은 공산화 통일을 시도할 여건도 능력도 안 됩니다. 방심은 금물이지만 과도한 피해망상이야말로 우리를 병들게 합니다. 북핵 문제는 풀어야 하지만 북한이 핵무기를 앞세워 통일에 나설 것이라는 공포심은 우리 사회를 해롭게 할 뿐이에요.

우리는 너무 오랫동안 북한을 핑계로 삼으면서 보다 나은 사회를 향한 노력에 소홀했어요. 국가보안법이 대표적이죠. 자유민주주의의 핵심은 양심과 표현의 자유인데, 우리나라에서는 북한을 고무·찬양한다는 이유로, 혹은 그러한 혐의를 씌워 사람을 처벌하는 경우가 계속 생기고 있거든요. 그래서 유엔은 물론이고 동맹국인 미국 정부조차도 국가보안법을 바꾸거나 없애라고 권하고 있죠. 유엔과 미국이 '친북 단체'는 아니죠? 그런데도 이런 권고를 하는 이유는 한국의 인권과 민주주의의 발전을 위해서라고 할 수 있습니다.

저는 우리나라가 이제는 자신감을 가져도 된다고 생각해요. 남북은 인구와 경제력, 국방비 지출 규모에서 비교하는 것조차 민망한 격차를 보이고 있습니다. 국제적인 위상 역시 엄청난 차이가 있죠. 어렵게 쟁취하고 지켜낸 민주주의와 빛나는 성취를 거두고 있는 문화는 또 어떤가요.

여러분, 우리 이제 자부심을 가지자고요. 우리가 자신감과 역지사지의 태도를 갖는다면, 지금과는 다른 한반도의 미래를 설계할 수 있을 겁니다.

에필로그

재미도 관심도 없는
한반도 평화 그리고
통일이

가장 핫한
콘텐츠가 되는
기분 좋은 상상!

자, 저와 평화와 통일을 주제로 여정을 함께한 소감이 어떤가요? 사실 십대를 위해 평화와 통일, 그리고 한반도를 둘러싼 국제정세에 관한 글을 쓴다는 게 쉽지 않았어요. "내가 왜 이런 문제에 관심을 가져야 하죠?"라는 청소년 친구들의 반문이 귓가에 맴돌았거든요. 그래도 이 문제들은 여러분의 미래와 결코 무관하지 않죠. 오히려 미래의 여러분들에게 가장 커다란 영향을 줄 수도 있는 만큼, 함께 소통하면서 지혜를 찾아보는 마음으로 글을 써내려갔습니다.

여러분이 이 책을 읽다보면 '북한 편을 드는 것 아닌가'라는 의문이 생길 수도 있어요. 저도 쓰면서 가장 고민한 부분입니다. 실제로 이 책에는 우리나라와 미국을 비판하는 부분이 적지 않아요. 그렇지만 제가 우리나라와 미국을 반대하고 북한을 지지하는 건 아닙니다. 관련해서 일화를 하나 소개할게요.

워싱턴-평양-베이징에서 있었던 일

2005년 5월, 제가 미국 국방부 청사에 가서 그곳 관료들과 만났을 때 일이에요. 이 관료가 대뜸 저한테 "당신, 여기서 악명이 높아요"라고 말하더군요. 나중에 알고 보니 제가 언론에 발표한 기고문 일부를 주한미국대사관에서 번역해 본국에 보고했는데, 미국을 비판하는 내용이 많았던 것이었죠.

한 달 후에는 평양에 가서 북한 사람들을 만났어요. 한 사람이 저한테 "정 선생이 미국 비판하는 글을 읽으면 제 속이 다 시원해집니다"라고 말하더군요. 그런데 그곳에서 저는 북한이 왜 핵을 포기해야 하는지 조목조목 말했어요. "소련이 망했을 때, 핵무기가 3만 개 있었어요. 핵보유는 결코 북한에 이롭지 않습니다"라는 말도 했죠. 그러자 저를 칭찬했던 이가 대번에 얼굴을 붉히며 "정 선생, 미국 스파이 같군요"라고 하더군요.

2016~2017년에는 사드 배치 문제로 시끄러웠어요. 사드는 미사일 방어 무기의 일종으로 미국은 이걸 한국에 배치해 북한의 핵미사일을 막겠다는 구상이었죠. 당시 한국 정부도 이에 동의했습니다. 그런데 저는 사드가 북핵을 방어하는 데는 무용지물이라고 주장하면서 오히려 한중 관계를 위기로 몰아갈 위험이 크다고 주장했어요. 이번에는 다시 보수적인 분들이 저를 반미, 친중이라고 비난하더군요.

하지만 저는 베이징을 비롯한 중국 곳곳에서 중국인들을 만날 때마다 사드 배치를 이유로 한국에 보복을 가해선 안 되고, 이미 시행된 조치들도 즉시 철회해야 한다고 설득했습니다. 중국의 보복으로 무고한 한국 사람이 피해를 당하는 것 자체가 부당한 일이고, 또 자칫 한국인들의 반중 감정이 커질 수 있다고 지적한 것이죠. 그러자 자기편인 줄 알았던 중국 사람들이 크게 당황하기도 했답니다. 한편으로 제 얘기를 경청하는 모습도 볼 수 있었죠.

평화 운동도 하고 연구와 집필도 하는 제가 가장 중요하게 생각하는 가치는, 말 그대로 '평화'입니다. 그래서 저는 상대가 누구든 평화를 해친다고 생각하면 비판하기를 주저하지 않습니다. 반대로 평화를 위해 협력하고 연대할 수 있다면, 누구든 함께할 수 있다고 생각하고요.

사이좋은 이웃부터

이 책을 통해 여러분과 함께하고 싶은 것은 '상상'입니다. 통일 문제만 하더라도 그래요. 잠시 책에서 눈을 떼고 생각해볼 까요? 여러분은 통일이 되면 하고 싶은 일이 뭐예요? 종이에 목록을 적어도 좋겠어요. 뭐가 있을까요? 평양냉면 먹어보기, 백두산과 금강산 오르기, 개마고원 트래킹하기, 북한 아이들과 뛰어놀기, 부산에서 기차를 타고 평양을 거쳐 유럽까지 가기… 이런 것들인가요?

자, 그럼 생각해볼까요? 이런 일들이 꼭 통일이 되어야만 가능할까요? 그렇지는 않아요. 코로나19와 같은 비상 상황만 아니라면, 우리는 전 세계 많은 나라들을 자유롭게 오갈 수 있습니다. 여행이든, 공부든, 사업이든, 어떤 이유에서든 말이죠. 어떤 나라는 비자 없이도 갈 수 있죠? 심지어 유럽연합에 속한 국가들끼리는 같은 나라인 양 자유롭게 넘나들 수 있죠.

마찬가지예요. 남북한이 꼭 통일이 되지 않더라도 사이좋은 이웃이 되면 우리가 하고 싶은 일 대부분을 할 수 있어요. 저는 통일도 이런 방식으로 접근해야 한다고 봐요. '결과'로서 통일을 생각하면 답답해지기 마련입니다. 남북한의 체제 차이와 국력 격차가 엄청나게 큰 상황에서 통일이 가능이나 할지, 문화적인 차이가 엄청난데 북한 사람들과 잘 어울려 살 수 있을지, 통일 국가의 정치와 경제 체제는 무엇으로 해야 할지, 통일 이후 한미 동맹은 어떻게 해야 할지, 주변국들과의 관계는 또 어떻게 될지 등등. 결과로서 통일을 생각하면 가슴이 설레기보다는 답답해지기 십상입니다.

그래서 저는 '과정'으로서의 통일을 말하고 싶어요. 결과를 앞당겨 생각할 게 아니라 과정을 하나하나씩 이뤄가면서 '이 정도면 통일해도 되겠구나' 싶을 때 통일하자는 거죠. 앞서 언급한 것처럼, 남북한이 비교적 자유롭게 오가고 경제협력도 하면 50 정도는 통일이 된 거라고 할 수 있죠. 이에 더해 한반도 평화체제와 비핵화를 이뤄내 평화·공존이 정착되면 60 정도는 되는 거고요. 유럽연합처럼 되면 70쯤 되겠죠. 어떤가요? 이렇게 생각해보니 좀 여유가 생기지 않나요?

사실 우리에게 평화통일은 세계사적인 실험입니다. 전쟁에 의한 베트남식 통일도, 민의가 배제된 채 집권층의 야합으로 이뤄진 예멘식 통일도, 한쪽이 갑자기 무너져 다른 한쪽이 흡수한 독일식 통일도 아닌, 교류·협력과 평화·공존을 통한 한반도식 통일은 전대미문의 역사적 실험입니다. 우리가 이러한 통일에 성공한다면, 그 자체로도 세계사에 크게 이바지하는 셈입니다. 그렇다고 하루아침에 통일을 이룬다는 것은 가능하지도, 바람직하지도 않겠죠.

그래서 통일과 관련해 하고 싶은 말은, 어깨에 힘 빼고 천천히 그리고 경쾌하게 하나둘씩 만들어가자는 것입니다. 굳이 통일을 목표로 하지 않아도 좋습니다. 통일을 말하지 않아도,

또 그걸 목표로 하지 않아도 괜찮습니다. 뚜벅뚜벅 길을 가다가 눈앞에 '어라? 통일이네' 하는 순간이 오는 것이야말로 어쩌면 가장 현실적이고도 바람직한 통일 방식일 수 있거든요.

이 책을 쓰면서 저에게도 목표가 하나 생겼습니다. 재미도 관심도 별로 없는 남북 관계와 한반도 평화, 그리고 통일 문제를 '게임'과 '메타버스(metaverse)'로 만들어보면 어떨까 하는 생각이 든 것이죠. 여러분이 관심 있어 할 만한 콘텐츠를 만들어보고 싶어요. 평화와 비핵화 협상을 게임으로 만들어보면 어떨까? 메타버스로 평양 여행하기, 개마고원 트래킹, 북한 청소년들과 함께 놀기 등을 꾸며보면 어떨까? 뭐, 이런 생각들이 솟아나는 거죠.

아마도 이런 콘텐츠는 여러분이 더 잘 구상하고 만들 수 있겠지요. 디지털 기기와 놀이에 훨씬 익숙한 만큼, 상상의 나래를 펼치기엔 저와 같은 어른보다는 여러분이 더 어울릴 거예요. 어른은 청소년이 마음껏 뛰어놀고 즐길 수 있는 환경을 만들어야겠지요.

그래도 여러분 스스로가 좀 알아야겠죠? 모쪼록 이 책이 평화와 통일 문제에 대한 여러분의 관심을 높이는 데 작은 도움이 되길 바랍니다. 무엇보다도 여러분이 상상의 나래를 펴는 데 소박한 손 내밀기라도 되길 바랍니다. 미래는 여러분의 것이잖아요.

2021년 가을
서울 망원동 사무실에서
정욱식